LES INVISIBLES DE LA RÉPUBLIQUE

SALOMÉ BERLIOUX
et ERKKI MAILLARD

LES INVISIBLES
DE LA RÉPUBLIQUE

Robert
Laffont

© Éditions Robert Laffont, S.A.S, Paris, 2019
ISBN 978-2-221-23890-5
Dépôt légal : février 2019

À nos parents

Introduction

Deux jeunes sur trois

C'est une jeunesse oubliée. À l'abandon. Notre jeunesse. Celle de la France dite « périphérique ». Près de deux jeunes sur trois y cumulent les difficultés. L'isolement qu'ils subissent sabote toute cohésion sociale. Favorise la montée des extrêmes. Met en péril la République.
On sait depuis longtemps les obstacles auxquels font face les jeunes de nos banlieues. On ignore trop souvent ceux qui jalonnent le parcours des enfants de la France périphérique. Pourtant, plus de 60 % de nos jeunes vivent dans ces territoires, au cœur de villes petites et moyennes ou dans des espaces ruraux. Éloignés des grandes métropoles et des circuits de la mondialisation, ces jeunes manquent de tout pour affronter l'avenir : ils ont accès à trop peu d'informations, trop peu de moyens de transport, trop peu de réseaux, trop peu d'opportunités. En ce qui concerne leur formation, leur métier, leur vie, le champ des possibles est réduit. D'autant que de puissants mécanismes d'autocensure limitent leurs aspirations. Et que leurs territoires sont souvent fragiles, économiquement et socialement.
Cette jeunesse n'attire pas l'attention parce qu'elle a quelque chose d'insaisissable, que seules les photographies

de Raymond Depardon parviennent à capter. Est-elle dépourvue de visage ? En tout cas, on ne l'identifie pas. On l'ignore pour ce qu'elle est. Entre un discours caricatural sur la ruralité et des médias qui se focalisent sur la jeunesse des banlieues urbaines, les jeunes de la France périphérique sont gommés.

C'est le cas de Gaëlle. Cette adolescente de quatorze ans a grandi dans un village de l'Allier. Comme un jeune de zone rurale sur deux, elle parcourt près de vingt kilomètres par jour pour aller étudier[1]. Dans son collège, un foyer sur deux est monoparental. Un parent sur deux est au chômage. Gaëlle ne s'est rendue pour la première fois de sa vie au cinéma qu'à l'âge de douze ans parce que la salle la plus proche est à quarante-cinq minutes de route. Et qu'en outre, ses parents n'ont pas les moyens de l'y emmener. Le cas de Gaëlle est loin d'être isolé : dans son département, la fréquentation des cinémas est de 1,9 fois par an et par habitant. À Paris, pour la même période, elle est de 12,6[2].

C'est aussi le cas de Charlotte, dont les parents tiennent un restaurant de plage à Cerbère (Pyrénées-Orientales), dernier village avant la frontière espagnole. La lycéenne a toujours fait ses devoirs sur un coin de table. Elle est bonne élève. Elle veut devenir infirmière. Son professeur de mathématiques lui a parlé de médecine. Mais il faudrait partir étudier à la faculté de Montpellier. Charlotte n'ose y penser. Montpellier est à deux heures trente de train. Le concours est difficile. Les études

---

1. INSEE, « Jeunes et territoires. L'attractivité des villes étudiantes et des pôles d'activité », *INSEE Première*, n° 1275, janvier 2010.
2. Chiffres donnés par le Centre national du cinéma et de l'image animée, *Géographie du cinéma 2016*.

coûtent cher. Comme plus de 72 % des jeunes Français, Charlotte n'est pas boursière[1]. Elle n'aura droit à aucune aide. Et puis elle a trois frères et sœurs plus jeunes, dont il faudra ensuite financer les études. Charlotte se dit qu'en restant vivre chez ses parents à Cerbère et en rejoignant l'Institut de formation aux soins infirmiers (IFSI) de Perpignan, elle est sûre d'être indépendante d'ici trois ans. Charlotte se résout à faire ce choix par défaut et en serrant les dents.

C'est encore Julien, qui grandit à côté de Neufchâteau, un village de mille six cents habitants niché dans les Vosges. Après son brevet, il suit une formation en travaux paysagers dans un lycée agricole. Mais il ne parvient pas à vivre de son métier. Pendant cinq ans il exerce en tant que surveillant dans un lycée. Frustré, moins patient qu'à ses débuts, Julien se bat un jour avec un élève. Il est licencié. À vingt-cinq ans, il se retrouve sans emploi. Il ne voit aucune offre dans son département.

Ces millions de jeunes Français dispersés sur le territoire ont tous un point commun : ils doivent affronter un parcours d'obstacles fait de fracture digitale, de carence d'informations, de manque de réseaux, de méconnaissance de certains codes, d'absence de formation spécialisée à moins de cent cinquante kilomètres de chez eux, d'entreprises locales qui n'embauchent plus. Des obstacles qui les épuisent, leur font perdre du temps, de l'énergie. Des obstacles dont l'accumulation invite à la dérobade. Au refus d'aller plus loin. Des obstacles qui engendrent une vaste chaîne de découragement.

---

1. UNEF, dossier de presse, « Enquête sur le coût de la vie étudiante », août 2018.

Le concept de France périphérique doit beaucoup aux travaux d'universitaires engagés il y a déjà plus d'une décennie. Le géographe Christophe Guilluy est le premier à avoir mis en évidence une catégorie délaissée par l'Institut national de la statistique et des études économiques (INSEE) : ces territoires où vivent plus de la majorité des Français, à l'écart de la mondialisation, dans les villes comme dans les campagnes[1]. Depuis, la notion de France périphérique s'est imposée progressivement. Bon nombre de débats sont lus à travers ce prisme : la réforme de la SNCF, la question des services publics dans les territoires, les enjeux de l'apprentissage ou de l'insertion professionnelle, les difficultés de l'agriculture, l'installation de nouvelles infrastructures, routes, ports ou aéroports. La question de l'identité française n'échappe pas non plus à cette grille de lecture.

Dans ces débats, on cherche en vain le portrait de la jeunesse de cette France périphérique. Celle dont personne ne parle. Peut-être est-ce parce qu'elle ne fait pas de bruit qu'elle est si peu prise en compte ? Peut-être est-ce parce que son quotidien indiffère la France des grandes métropoles ?

Mais voilà, Gaëlle, notre élève de troisième dans l'Allier, n'ira pas en seconde générale et technologique après son brevet, comme près de 70 % des élèves de sa classe en 2016. Elle n'osera pas non plus tenter la filière professionnelle. Elle qui a de bons résultats scolaires empruntera la voie du certificat d'aptitude professionnelle (CAP). Pas par choix, mais par défaut. Pas par volonté, mais par peur. Tant de désillusions

---

1. Christophe Guilluy, *Fractures françaises*, François Bourin, 2010.

INTRODUCTION

ignorées, comme on feint d'ignorer qu'en Île-de-France les enfants d'ouvriers ou d'employés ont deux fois plus de chances de gravir l'échelle sociale qu'en Poitou-Charentes[1]. Ces écarts s'expliquent notamment par des taux d'accès à l'enseignement supérieur pouvant varier du simple au double simplement d'un territoire à un autre : « Malgré la massification de l'enseignement supérieur, aucune convergence n'a été observée sur ce point au cours des vingt-cinq dernières années », alertait ainsi une note de France Stratégie en juillet 2016[2].

Bien sûr, vivre dans ces territoires présente des avantages. Bien sûr, d'autres espaces rencontrent aussi des difficultés liées au lieu de résidence et de scolarisation des enfants. Mais dans la France périphérique, c'est l'addition des obstacles qui porte gravement atteinte à l'égalité des chances entre jeunes Français. Sans que les pouvoirs publics semblent le remarquer.

À ce jour, aucun débat ne propose de réfléchir aux faiblesses du modèle proposé à ces jeunes. Ils représentent pourtant le cœur des fractures françaises. Leur âge, l'ampleur des difficultés qu'ils rencontrent, le fait qu'ils sont l'avenir de notre pays, tout devrait pousser non seulement à les prendre en compte, mais également à faire de leurs cas une priorité. Certainement pas à détourner le regard de la situation.

Agir en faveur de la diversité, c'est compter avec ces jeunes Français. Sans attendre que la métropolisation ruisselle jusqu'à eux. Sans attendre que les trente-quatre

---

1. France Stratégie, note d'analyse, « La géographie de l'ascension sociale », novembre 2015.
2. France Stratégie, note d'analyse, « Dynamiques et inégalités territoriales », juillet 2016.

mille villes et villages où ils vivent soient touchés par la mondialisation comme on l'est par la grâce. Sans attendre que l'effet corrosif de la désespérance des jeunes ait sapé les fondements de notre société.

Nous avons voulu écrire ce livre parce qu'aucun ouvrage ne donnait jusqu'ici la parole aux jeunes de la France périphérique. Aucun ouvrage pour décrire leur quotidien, leurs contraintes. Aucun pour alerter sur la gravité de leur situation et les risques qu'elle comporte. Nous avons donc interrogé des centaines de jeunes, des villages des Vosges jusqu'aux plages de la Côte Vermeille en passant par les campagnes du Puy-de-Dôme. Nous sommes allés aussi à la rencontre de sociologues, d'éducateurs, d'élus locaux.

Nous avons la conviction que nos territoires regorgent de jeunes talentueux et motivés. Des jeunes qui n'ont pas les mêmes chances de départ que leurs camarades. Et le mériteraient pourtant.

Continuer à ignorer cette jeunesse est dangereux pour notre pays. Pour sa dynamique économique. Pour son équilibre social. Et, manifestement, pour sa vie démocratique. Il y a urgence. Au second tour de l'élection présidentielle de 2017, Marine Le Pen a obtenu dix millions de suffrages. Un record. Quasiment le double de son père en 2002. La majorité des voix en faveur de la candidate du FN provenait de la France périphérique.

Affronter cette urgence nécessite la mobilisation de tous, de l'appareil d'État à la société civile. Nous proposons des solutions. Il est grand temps de s'occuper de notre jeunesse.

ardi

1
Là où j'ai grandi

Certaines phrases vous font l'effet d'une gifle. « T'es une fille, boursière, tu viens de la campagne... manquerait plus que tu sois handicapée aussi ! Ça cocherait toutes les cases du misérabilisme ! » À la différence d'une gifle, l'effet de ces mots va laisser durablement son empreinte. Comme une brûlure.

La remarque, celle d'un étudiant parisien le matin de mon entretien d'admission à Sciences Po, se voulait pourtant gentiment moqueuse.

J'ai vingt et un ans. Je n'en reviens toujours pas d'avoir été admissible. Je porte un tailleur bleu acheté la veille chez Zara, rue de Rennes. Mes pieds débordent des chaussures à talons de ma grand-mère. J'ai attaché mes cheveux en queue de cheval. Je suis écarlate.

En sortant de l'oral, je sais que j'ai échoué. Mal préparée, peu confiante, je me suis décomposée face aux questions de deux jeunes énarques. « Ce n'est peut-être pas fait pour toi », me dit ma grand-mère pour me consoler. Les résultats tombent quelques semaines plus tard. Je suis effectivement recalée.

À l'Élysée, quatre ans plus tard, dans mon petit bureau sous les toits, j'écris une première note sur la jeunesse périphérique, destinée au conseiller politique du président de la République auprès de qui je suis chargée de mission. Ces trois pages invitent à s'adresser spécifiquement aux jeunes en âge de voter dans les zones rurales et les villes éloignées des grandes métropoles. Quelques semaines avant les élections municipales de 2014, j'ai l'intuition qu'il y a là un enjeu majeur, pourtant demeuré hors radar. Un sujet à creuser. Je le creuserai deux années durant et créerai Chemins d'avenirs à l'été 2016.

Mon expérience personnelle n'a d'intérêt que parce qu'elle fait écho à celle de millions d'autres étudiants. Tant de jeunes dont l'ancrage géographique joue comme une gêne alors qu'il pourrait devenir une force. Tant de collégiens et lycéens mal informés, mal préparés, mal à l'aise. Qui doivent travailler plus que leurs camarades des grandes métropoles et rencontreront plus de risques d'échec. Tenus à l'écart d'une foule d'opportunités qui leur permettraient d'être plus libres. De suivre une formation puis d'exercer un métier à la hauteur de leurs envies et de leur potentiel.

J'ai eu beaucoup de chance. J'ai fait les bonnes rencontres. On a choisi de me faire confiance. J'ai pu persévérer malgré mes échecs. Combien de jeunes n'ont pas ces possibilités ?

J'ai grandi à Neure, un hameau de cent quatre-vingt-deux habitants dans l'Allier. Notre maison, une ancienne boulangerie, est entourée de deux fermes : celle de la famille Douet qui détient quelques vaches et poulets et celle de la grande exploitation agricole des Parisse à une dizaine de minutes de là. À Neure, il n'y a ni commerce, ni poste, ni école. Mon frère et moi prenions le car jusqu'à Lurcy-Lévis où se situe le groupe scolaire le plus proche – il compte aujourd'hui soixante-quatre élèves en école maternelle, quatre-vingt-seize en élémentaire et cent quarante et un au collège. C'est aussi à Lurcy que se trouve la maison de mes grands-parents, à l'angle de la route de Valigny qui mène droit à la forêt de Tronçais, la plus belle futaie de chênes d'Europe. C'est une petite maison entourée d'un jardin où coule l'Anduise, un sous-affluent de la Loire. La campagne autour de Lurcy est verte et belle.

    Après l'école primaire, j'ai passé cinq années au collège André-Boutry, entourée de mes meilleures amies. Les parents de Pauline étaient paysagiste et préparatrice en pharmacie. Le père d'Aurélie possédait une petite entreprise de maçonnerie. Mon beau-père, infirmier, avait effectué une formation pour devenir ostéopathe et ouvrait alors un cabinet à une dizaine de kilomètres de Lurcy. Ma mère était comédienne. Mon père vivait à Gentilly, en banlieue parisienne. Je le voyais durant les vacances scolaires.

    Ce fut une enfance campagnarde et pleine de charme. Des hivers piquants au coin du poêle à bois, des étés très chauds sous le tilleul du jardin. Les primevères tapissaient l'herbe dès le début du mois de mars et les marrons tombaient sur nos têtes à l'automne. Nous regardions passer les tracteurs armés de leurs bottes de paille savamment serrées. Un peu plus tard, au mois de novembre, les habitants des villages alentour se retrouvaient pour vider l'étang du Billot et en extraire gardons, brochets, carpes et sandres. Cela faisait partie des rituels de la saison. Il en existait bien d'autres, comme la fête des Brandons, mélange de rites païens et chrétiens aux cours desquels les Bourbonnais se retrouvent encore aujourd'hui à la ferme d'Embraud pour marquer en musique l'arrivée du printemps.

L'année du brevet, je me rappelle avoir senti monter en moi un sentiment d'angoisse. Qu'allait-il se passer *après* ? Nous en parlions peu. L'été de la classe de troisième m'apparaissait comme un tournant radical dont je ne pouvais prévoir l'issue. Je ne savais même pas à quoi ressemblait un lycée. Je n'en avais jamais vu. Je savais juste que ce serait « plus grand », qu'il y aurait « beaucoup d'élèves » et que les professeurs n'auraient « pas le temps de s'occuper de nous ».

Nous évoquions des envies de métiers. Pauline, cavalière, rêvait de devenir monitrice d'équitation. Aurélie, très admirative de notre professeure d'anglais, voulait suivre ses traces. J'hésitais entre devenir institutrice, vétérinaire ou comédienne – comme mes parents. Quelles études fallait-il faire pour atteindre ces objectifs ? Nous n'en avions aucune idée.

Il était toutefois entendu qu'à la rentrée suivante j'entrerais au lycée général. Nous étions une poignée dans ma classe à envisager cette voie. Les autres iraient plutôt au lycée professionnel d'Yzeure, à la maison familiale de Limoise pour décrocher un bac pro agro-équipement, ou encore au lycée agricole d'Ygrande. D'autres suivraient l'option jeunes sapeurs-pompiers du collège et finiraient leur formation pour devenir pompiers en activité dans l'Allier. Je me souviens que pour suivre un CAP maçon ou un CAP charpentier bois, comme le souhaitaient plusieurs garçons de ma classe, il fallait partir étudier près de Clermont-Ferrand, à plus d'une heure de route, mais sans liaison quotidienne par car. Même difficulté pour mes camarades qui envisageaient les CAP esthétique, cosmétique et parfumerie ou métiers de la mode. Même règle pour le bac pro accompagnement, soin et services à la personne.

Si j'entrais en seconde générale, il fallait en conséquence que je devienne interne ou bien que ma famille déménage. Mes parents décidèrent de se rapprocher de Nevers. Ils trouvèrent une maison sur les bords de la Loire, dans un village de six cent soixante habitants appelé Marseilles-lès-Aubigny.

L'entrée au lycée fut rude. Un peu avant sept heures du matin, je traversais l'écluse pour attraper le bus. Manquant encore de repères, je vis ma moyenne chuter brutalement : les professeurs de Lurcy admettaient surnoter les élèves pour augmenter leur moyenne générale grâce au contrôle continu afin de leur permettre d'obtenir le brevet. Je passai de 18 de moyenne en troisième à un fragile 11 en début de seconde, avec des résultats catastrophiques en langues et en mathématiques.

Je n'avais pas les codes. Je n'avais pas lu ce qu'il fallait lire, pas vu ce qu'il fallait voir. Cela peut paraître étrange à ceux qui ont toujours vécu dans les grandes métropoles et voient la « province » comme un tout homogène. Mais les jeunes du centre-ville de Nevers me semblaient plus cultivés que nous. Plus introduits. Les garçons portaient des « chaussures de ville », comme nous disions. Les filles des marques en vogue à l'époque, jeans Diesel et tennis Bensimon qui commençaient à devenir branchés. Pauline et Aurélie, au lycée de Moulins, ressentaient le même malaise devant des tenues vestimentaires qui nous semblaient très sophistiquées, une façon de parler plus recherchée que celle à laquelle nous étions accoutumées, des références qui nous tenaient éloignées des autres élèves.

Le lycée public Alain-Colas était considéré comme un bon établissement de l'académie de Dijon. Je découvris, stupéfaite, l'existence de classes européennes dont je n'avais jamais entendu parler et qui m'étaient définitivement fermées. J'appris aussi la nécessité de choisir une filière à l'issue de la seconde. Dans mon nouveau lycée, il n'existait pourtant que deux voies : scientifique ou littéraire. Pas de filière économique et sociale. Je n'étais pas bonne en mathématiques. Il fut donc décidé, à quinze ans, que je serais une littéraire et suivrais des études littéraires. Pourquoi pas ? Je n'en fus pas particulièrement malheureuse. Ce n'est que bien plus tard que je découvris que j'aurais pu ouvrir d'autres portes.

En classe de terminale, le même schéma que celui de la troisième risquait de se reproduire. À Nevers, il n'y avait pas d'université, à part une petite faculté de droit. Que faire ? Où aller ? Que se passait-il exactement après ? Nous l'ignorions tous. À aucun moment de ma scolarité je n'avais rencontré de conseiller d'orientation. Jamais je n'avais entendu parler d'autres filières que celle suivie vingt ans plus tôt par ma mère : la voie littéraire.

Un jour pourtant, une camarade de classe, Caroline, me parla de sa grande sœur qui préparait le concours de Sciences Po Grenoble. À la lecture du site Internet de l'établissement sur l'ordinateur de mes parents, assise sur le canapé du salon, je me rappelle m'être sentie, dans un même mouvement, enthousiaste et désespérée. Cette école me paraissait inaccessible.

Nous fûmes trois filles à demander et obtenir, contre l'avis de nos professeurs, des prépas parisiennes cette année-là. Aucune de nous ne connaissait l'existence d'un concours à l'issue des deux années d'hypokhâgne et khâgne. Aucune de nous ne savait ce qu'était Normale Sup[1]. Je pensais avoir fait le plus dur en m'extrayant du parcours tout tracé qui aurait dû m'envoyer en lettres modernes à la fac de Dijon. J'étais pourtant loin d'être armée pour la suite.

Mes grands-parents m'accueillirent à Paris. Ils avaient fait leurs études après guerre, commencé leur carrière durant les Trente Glorieuses. Même s'ils étaient peu connectés aux enjeux récents des études supérieures ou de l'insertion professionnelle, ils pouvaient m'emmener voir des expositions et me prêter les livres dont j'avais besoin. Ils pouvaient surtout me loger chez eux, permettant à la boursière que j'étais de ne pas chercher de travail à mi-temps pour payer un loyer.

On dit sans cesse aux provinciaux qui « montent à la capitale » qu'ils sont forcément un peu des Rastignac. « À nous deux, Paris ! » Oui, bien sûr. À la fin du mois de septembre, je rentrai en pleurant chez mes grands-parents. Un ami parisien m'avait demandé si je préférais l'architecture du Grand Palais ou celle du Petit Palais. J'avais été incapable de lui répondre. Je ne connaissais ni l'un ni l'autre. Je me sentais, une fois de plus, très gauche et inculte.

Mon grand-père me rappela que je savais identifier les différents chants des oiseaux, qualité à laquelle ce

---

1. École normale supérieure (ENS) : une des institutions universitaires et de recherche les plus presitigieuses de France.

jeune homme ne pouvait sans doute pas prétendre. La remarque m'irrita. Qu'importaient les oiseaux de Lurcy ? Mes amis parisiens maîtrisaient les codes de la ville. Mieux encore : ils avaient visité le monde. Lorsqu'ils évoquaient les pays découverts et aimés, j'avais envie de disparaître. Surtout ne pas répondre à la question : « Et toi, où es-tu allée ? » Comment expliquer à ces jeunes qui connaissaient New York, Hong Kong et le Cambodge que je n'avais visité que l'Espagne et l'Angleterre, et encore, pour quelques jours seulement ?

Toute à mes complexes, j'avais le sentiment, faux bien sûr, que tous les citadins pouvaient revendiquer ces parcours d'ouverture intellectuelle et internationale. La moindre référence à un musée berlinois me renvoyait au fait que je n'avais jamais quitté mon village. Ma culture littéraire ne compensait pas, à mes yeux, mon manque de références politiques ou historiques. Je vacillais à l'idée de tout ce que j'avais raté par le passé et, surtout, de tout ce qui me semblait inaccessible à l'avenir.

Je suivis, comme tant d'autres, des études de littérature sans vouloir faire de la recherche ni enseigner. Admissible en master affaires publiques à Sciences Po, je fus, je l'ai dit, recalée. Je sentais que c'était un manque social plutôt qu'intellectuel qui me fermait les portes de la rue Saint-Guillaume. Je me représentai au concours, mais passai un pacte avec moi-même : si j'échouais une nouvelle fois à l'oral, j'enseignerais. Je voulais travailler. J'intégrai Sciences Po cette année-là avec un A à l'oral. J'avais fini par assimiler les règles de l'épreuve et surmonter mon manque d'assurance.

Cette époque fut difficile. J'éprouvais des difficultés à me fondre dans la ville et à la faire mienne. Le théâtre seul me réservait un espace de liberté. Sans autocensure. Pendant des années, je suivis quinze heures par semaine les cours du conservatoire – Brecht, Hugo et Giraudoux se moquent de l'ancrage géographique de leurs interprètes. De la même façon que je préparais mes rôles au théâtre, je m'inspirais de Parisiens et Parisiennes dont j'admirais l'attitude pour me créer une identité sur mesure. Très tôt je voulus être parisienne sans oublier que j'étais lurcycoise. J'aimais l'idée de ce mélange qui supposait d'assumer parfaitement l'un et l'autre.

Les années passant, je mesurais mieux ce que la campagne m'avait appris et que je partageais avec des amis, ruraux eux aussi. Nous connaissions la France dans de ce qu'elle a de plus intime, ses mystères, ses jardins, son quotidien, âpre parfois, ses champs à perte de vue, ses routes et ses chemins. La campagne enseigne une patience et un rapport au temps qui changent aussi le rapport au monde. Elle développe la sensibilité en même temps qu'un sentiment de résistance.

Mes parents – ils étaient quatre ! – ont fait beaucoup pour éveiller la sensibilité de leurs enfants. Une relation singulière aux êtres et aux choses les anime et fait d'eux des personnes d'une profonde générosité. J'ai la conviction qu'ils sont à la racine de mes engagements. Leurs choix originaux, leur lien à la terre et à l'art m'ont incitée à trouver un équilibre entre la vie qu'ils avaient choisie et celle que je souhaitais. C'est leur parcours qui m'a permis de dépasser la simple opposition Paris-province. C'est leur regard qui m'a permis de transformer un ancrage géographique en force. De détourner des complexes personnels en un projet d'utilité publique.

J'eus aussi sans doute en égale proportion du courage et de la chance. Un ami me parla d'un double master entre l'École normale supérieure et la Sorbonne. On pouvait y entrer sur dossier. Je l'intégrai. Puis il y eut Sciences Po. Des stages. Le début de la vie professionnelle. Après deux rapides expériences dans le conseil stratégique en communication, j'entrai en tant que conseillère discours et prospective au cabinet du ministre des Affaires étrangères.

De la chance, donc.

Enseignant en prépa, j'avais de nouveau pu observer les fractures entre les jeunes des grandes métropoles et ceux de la France périphérique. Rentrant régulièrement dans le Bourbonnais, je retrouvais ces problématiques chez les jeunes avec qui j'avais étudié près de dix années auparavant.

Erkki Maillard, qui allait m'inciter à fonder Chemins d'avenirs, dont il deviendrait le responsable de la stratégie et du développement, avait fait les mêmes constats que moi. Au cours de ses études en école de commerce puis à l'ENA, il avait été frappé par l'expérience de camarades qui ne venaient pas de grandes métropoles et racontaient leur malaise, leurs difficultés. D'abord incrédule, Erkki ne saisissait pas bien à l'époque cette gêne que ses amis laissaient parfois filtrer. Souvent le vendredi, avant des week-ends solitaires. Jamais pour se plaindre. De prime abord, leurs origines étaient pourtant pleines de charme et même un peu exotiques. Ils venaient de l'arrière-pays des Alpes-Maritimes, d'une forêt des Landes, des terrils du Nord ou du pays des druides près de Brocéliande. Mais ils racontaient surtout le fossé qu'ils devaient franchir pour se mettre au niveau des élèves des lycées les plus réputés. Ils expliquaient les obstacles qu'ils avaient dû franchir pour faire des études supérieures. Ils avouaient parfois une forme de gêne sociale éprouvée lors des premières soirées ou des premiers dîners chez des camarades parisiens.

Plus tard, les responsabilités d'Erkki au cabinet du ministre de l'Enseignement supérieur et de la Recherche lui avaient aussi permis de sentir le décalage entre la capacité d'adaptation des équipes sur le terrain et une forme d'immobilisme et de bureaucratie inhérente aux administrations parisiennes. Il y avait par exemple le président d'une petite université du Sud qui parlait avec passion des nouveaux cursus qu'il voulait développer pour les jeunes de sa région. Il parlait de leur potentiel. Il parlait aussi des difficultés de certains, trop éloignés du niveau requis par l'université pour suivre des études universitaires. Ses équipes et lui déployaient des trésors d'imagination pour accompagner ceux qui risquaient de dériver. Ceux, surtout, qui s'étaient trompés d'orientation. La loi autorisait ces expériences. Mais l'administration parisienne n'avait ni la même souplesse, ni la même agilité, ni surtout la même envie de répondre à ces difficultés.

Nous connaissions l'un et l'autre des structures associatives travaillant avec les jeunes de banlieues. Nombreuses et efficaces, ces associations luttent contre le déterminisme social, notamment à travers un système de mentorat individuel. Elles rassemblent les volontés d'équipes passionnées et de bénévoles engagés, au profit de cette jeunesse des quartiers prioritaires.

Erkki et moi cherchâmes un modèle de structure qui se serait emparée de la cause des jeunes de la France périphérique. Nous fûmes stupéfaits de découvrir l'angle mort que représentait la jeunesse des zones rurales, mais aussi, plus largement, celle des villages et des petites villes de France. Qui s'occupe de l'avenir des jeunes d'Espelette, de Comines, de La Charité-sur-Loire, de Brive-la-Gaillarde, de Pont-en-Royans, de Chinon, Mâcon, Pézenas ou Jeumont… ? Qui leur permet d'avoir accès à des opportunités professionnelles différentes de celles de leur territoire immédiat ? Qui les encourage à être mobiles plutôt qu'assignés à résidence ? Qui leur donne confiance en eux-mêmes et leur permet de dépasser croyances limitantes et autocensure ?

C'est animés par la conviction que des dispositifs simples et efficaces peuvent être mis en place pour accompagner cette jeunesse invisible que nous avons décidé de créer un dispositif spécifique. Le premier à mettre au cœur de son action la jeunesse des territoires éloignés des grandes métropoles, indépendamment des résultats scolaires et des critères sociaux. Une structure qui informe, accompagne et promeut les jeunes des territoires isolés. Une structure qui travaille main dans la main avec l'Éducation nationale, les entreprises, la société civile et les familles. Pour créer, au bénéfice de ces jeunes, un écosystème de réussite.

Si nous avons voulu écrire ce livre, c'est moins pour raconter l'histoire de Chemins d'avenirs que pour apporter un éclairage sur les difficultés que rencontrent ces jeunes. En effet, là où les acteurs de terrain, les entreprises, les professeurs et les rectorats ont apporté un soutien enthousiaste aux initiatives de l'association, plusieurs de nos interlocuteurs de la sphère politique et administrative parisienne ont cherché à en nier la réalité. Ils ont cherché à en minimiser la spécificité, voire – réaction plus perverse – à l'opposer à celle des jeunes des banlieues.

Cette pseudo-compétition entre territoires en difficulté est évidemment vaine et absurde. Il est même possible de s'attaquer aux défis de ces jeunes de manière concertée. Pour ne prendre qu'un exemple : l'autocensure frappe tout à la fois les jeunes des banlieues et ceux des zones rurales. Ce qu'il importe d'admettre, c'est que depuis plusieurs décennies on parle beaucoup des uns et moins des autres. On évoque peu les collégiens, lycéens et étudiants de La Côte-Saint-André en Isère, de Mirecourt dans les Vosges ou de Bourbon-l'Archambault dans l'Allier. Des jeunes qui se disent des choses aussi saisissantes que : « L'université, c'est trop difficile pour moi » ou bien : « Je n'oserais jamais partir de mon village pour suivre une formation en artisanat qui serait pourtant mon rêve » ou encore : « Ingénieur, ce n'est pas pour les enfants de l'Ardèche. » Nous citons là des filleuls de Chemins d'avenirs. Ce déterminisme territorial, on n'en parle pas.

Nourris de ces rencontres et de ces expériences, nous avons voulu les retraduire dans ce livre. Pour contribuer à rendre visible une jeunesse majoritaire et pourtant invisible. Braquer sur elle les projecteurs, ne serait-ce qu'un instant. Et enfin la mettre en lumière.

2

Assignés à résidence

> « L'avenir pour un jeune à La Côte-Saint-André ? La Côte-Saint-André ou... La Côte-Saint-André. »
>
> Une cheffe d'établissement en Isère

La principale du collège d'une petite ville de cinq mille habitants à cinquante kilomètres de Grenoble s'inquiète pour ses élèves : « Je sais qu'ici ils n'auront pas toujours le choix de leur avenir. Il faudrait qu'ils partent. Ils le savent. Pourtant ils restent. Parce qu'ils ne connaissent rien d'autre. Ou parce qu'ils ont peur de partir. »

À vol d'oiseau, Grenoble est à quarante minutes de La Côte-Saint-André. La majorité des élèves de quatrième ne s'y sont encore jamais rendus, atteste la principale. Elle s'interroge : comment imaginer que trois ou quatre ans plus tard, ces mêmes jeunes s'élanceront librement vers l'avenir, où qu'il soit, pour accéder à la formation de leur choix, pour étudier à l'université, pour effectuer un stage ? Tout semble pourtant leur imposer de s'éloigner de chez eux. Ne serait-ce qu'un temps. Ne serait-ce que pour mieux revenir.

Même constat établi par l'ancien principal adjoint du collège de Lapalisse, commune de trois mille habitants dans le sud de l'Allier. Il déplore que les élèves de troisième n'envisagent pas d'aller étudier à Vichy, à vingt-cinq kilomètres de là : « Ils veulent tous entrer au lycée agricole d'à côté. Ne croyez pas que c'est par goût ! C'est qu'ils craignent de partir. »

En 2018, le discours politique dominant insiste sur la nécessité de remettre la société française en mouvement. L'expérience de la mobilité géographique est réclamée par tous, notamment par les employeurs. Gage d'ouverture d'esprit, d'autonomie, d'adaptabilité, l'expérience de la mobilité est synonyme de bonne intégration d'un jeune dans la société du XXIe siècle. Je circule, donc je suis.

Et pourtant, à trop insister sur les vertus de la mobilité, on en oublie les limites actuelles. À trop focaliser l'attention sur certains jeunes urbains, on imagine que tous les autres sont capables de se déplacer sans difficulté en France, en Europe et au-delà. Ce fantasme mésestime les freins qui limitent les mouvements de millions de jeunes Français, à l'étranger mais aussi à l'intérieur du territoire national. Pour une large part de notre jeunesse, la libre circulation ne reste en effet que très théorique : en 2010, moins de 2 % des 15-29 ans bénéficiaient des dispositifs existants de mobilité – Erasmus, Leonardo, Volontariat international en entreprise (VIE) ou encore Service volontaire européen[1].

---

1. CESE, rapport « La mobilité des jeunes », novembre 2011.

La mobilité internationale est, à l'évidence, une grande source d'enrichissement personnel. Mais cette focalisation sur les séjours à l'étranger et leur constante célébration sont source de frustration, voire d'humiliation, pour tous ceux qui ne bougent pas de chez eux. Je ne suis pas mobile, donc je suis un nul ?

Le jeune Julien, rencontré à Neufchâteau, nous met ainsi en contact avec son cousin Kévin, dont il est fier parce que « lui, au moins, il a réussi ». Étudiant en troisième année d'économie à l'université de Lorraine après une enfance passée à Dompaire, commune de mille cent habitants dans les Vosges, Kévin raconte : « Je suis allé à Nancy après le bac pour trouver un logement. C'était la deuxième fois que j'allais en ville. J'ai compris plus tard qu'on pouvait étudier en Europe pendant un semestre avec Erasmus. Mais je n'étais jamais allé à l'étranger. Partir à Bristol, Berlin ou Madrid... ça ou la planète Mars, pour moi c'était pareil ! » Une fracture méconnue se dessine : le fossé qui sépare ceux qui ont les moyens de partir et ceux qui doivent rester.

Plusieurs facteurs contribuent à cette assignation à résidence des jeunes de la France périphérique. D'abord, des considérations matérielles. Celles-ci sont particulièrement déterminantes pour les jeunes des zones rurales, comme en témoigne un avis du Conseil économique, social et environnemental (CESE) de 2017[1]. Pour ces jeunes, « l'aspect financier est un frein à la poursuite des études supérieures, notamment quand

---

1. CESE, avis, « Place des jeunes dans les territoires ruraux », janvier 2017.

elles nécessitent le départ du foyer parental ». Le même rapport précise : « Une enquête menée en 2009 auprès de mille apprentis montre qu'en moyenne ces jeunes ne se déplacent pas à plus de quarante-cinq minutes de leur lieu de vie familial. L'insuffisance de transports en commun rend d'autant plus difficiles leurs déplacements. »

Dans les villages mais aussi dans les villes petites et moyennes, le maillage des transports en commun est effectivement plus lâche que dans les grandes métropoles : moins de lignes, moins d'arrêts, moins d'interconnexions, moins de possibilités de se déplacer. La plupart du temps, les bus ne circulent pas les weekends. Impossible, par exemple, un dimanche après-midi, d'aller de La Côte-Saint-André à Grenoble en bus. Ou d'aller de Dompaire jusqu'à Nancy.

Prenons un autre exemple parlant : le trajet entre Montluçon et Paris. Dans les années 1980, il existait de six à huit liaisons directes quotidiennes. Aujourd'hui, il n'en reste plus que deux. Paris s'est éloigné de Montluçon puisqu'il faut désormais une demi-heure de plus – dans le meilleur des cas – pour rejoindre la capitale. Près de quatre heures qui s'apparentent à un périple : le TER qui mène à l'intercités en correspondance à Vierzon part à 5 h 36 ; une demi-heure plus tard, il est éventuellement possible d'attraper l'autocar SNCF assurant la même correspondance ; pour le direct de 8 h 11, il faut marquer un arrêt de vingt minutes à Bourges... et changer de motrice.

Aux opportunités réduites de transports en commun s'ajoute la question de leur prix. En Isère, un abonnement de bus avec une carte de réduction famille nombreuse ou jeune coûte 77,70 euros par mois. Un lycéen francilien qui souhaite emprunter l'ensemble des lignes de la RATP et de la SNCF de la région paiera son abonnement deux fois moins cher. C'est là une injustice territoriale évidente. La faiblesse des réseaux de transports en commun rend l'acquisition d'une voiture indispensable. Là encore, le coût n'est pas négligeable. Il faut payer le permis de conduire, dont le prix moyen varie de 700 à 1 600 euros. Puis l'essence. Les transports constituent le troisième poste de dépenses des Français (environ 15 % selon l'INSEE), dont 83 % portent sur la voiture, avec un budget moyen par an d'environ 6 000 euros.

Nous ne connaissons pas d'analyse spécifique sur les déplacements domicile-études pour la France périphérique, ni même pour les seules zones rurales. Des enquêtes nationales sur les transports sont effectuées tous les dix ans par l'INSEE et la dernière date de 2008. Mais à l'évidence la voiture est de loin le mode de déplacement le plus utilisé en milieu rural. Ainsi, 93 % des trajets y sont effectués en voiture, contre 80 % dans les villes de plus de cent mille habitants et 64 % en région parisienne.

Certes, une étude de 2016 réalisée par l'INSEE sur la mobilité dans les espaces peu denses met en lumière une stabilisation puis une diminution des trajets en voiture dans les territoires au cours des dernières années[1]. Mais cette baisse s'explique avant tout par

---
1. Max Barbier, Gilles Toutin et David Levy, « L'accès aux services, une question de densité des territoires », *INSEE Première*, n° 1579, janvier 2016.

les raisons économiques déjà évoquées. Le coût du carburant, mais aussi ceux de l'assurance et de l'entretien, pèsent lourd dans un budget. On en vient parfois à moins circuler pour économiser.

Ces difficultés compliquent le quotidien des jeunes et de leur famille. Là où un adolescent lyonnais ou bordelais prendrait seul le bus, les jeunes périphériques sont souvent dépendants de leurs parents. Ces derniers racontent les norias vers la piscine, le club de judo ou le cours de guitare : « Si je veux que mes trois enfants fassent une ou deux activités chacun, je passe pas loin de deux heures par jour à les accompagner à droite et à gauche. Notamment le mercredi et le samedi. Et le dimanche aussi, quand il y a des concours. C'est bien : je vois du paysage et j'écoute la radio, mais c'est un vrai budget et ça prend un temps fou », confesse Mireille, mère de famille dans le Puy-de-Dôme. Beaucoup y renoncent. Compliqué aussi lorsque les chemins sont enneigés, ou qu'il faut conduire sur des routes en lacet. Compliqué et dangereux. Selon une étude de l'Observatoire national interministériel de la sécurité routière (ONISR) parue en mai 2018, la majorité des accidents mortels se produit sur les routes départementales[1].

Et puis il y a la question du logement. Prenons une commune comme Dijon, capitale académique située en Bourgogne-Franche-Comté. C'est vers elle que se tournent beaucoup des futurs étudiants de la Nièvre, de Saône-et-Loire, de la Côte-d'Or et de l'Yonne, autant de départements de la France périphérique. En 2017, il fallait compter un loyer mensuel moyen de 398 euros

---

1. ONISR, *Bilan définitif de l'accidentalité routière 2017*, mai 2018.

pour une surface moyenne de vingt-six mètres carrés. Il est possible de trouver des chambres moins chères via le Centre régional des œuvres universitaires et scolaires (CROUS), autour de 200 euros. Mais les offres sont rares et tout le monde ne peut y prétendre. Au loyer s'ajoutent bien sûr les dépenses courantes de l'étudiant vivant loin de chez lui : inscription à l'université, nourriture, fournitures, loisirs. Au total, le coût de la vie étudiante en région peut s'échelonner de 318 euros à 826 euros par mois, selon que le jeune est boursier ou non[1]. Or le salaire mensuel net moyen des employés, nombreux dans ces territoires, s'élève entre 1 637 euros et 2 250 euros. Envoyer un enfant étudier loin du domicile familial dans ces conditions n'est donc pas évident sur le plan financier. Là où un jeune de Marseille peut rester loger chez ses parents pour étudier à l'université de la ville, la famille d'un étudiant de la France périphérique devra se sacrifier davantage.

Ce n'est pas tout. Le manque d'accès à l'information – on y reviendra – est un frein supplémentaire à cette indispensable mobilité. La volonté de sortir de son lieu de résidence se transmet essentiellement par le milieu familial – pas à l'école. Plus cette capacité est développée tôt, plus elle est fructueuse : en France, un jeune qui a changé de région entre la sixième et la fin de ses études supérieures a 38 % de chances en plus de trouver un emploi qu'un jeune qui n'aura jamais déménagé[2]. Et les individus résidant en dehors de leur

---
1. UNEF, « Enquête sur le coût de la vie étudiante », *op. cit.*
2. Valérie Roux et Cathy Perret, « La mobilité géographique en début de carrière : un moteur de réussite ? », *Formation Emploi*, n° 87, 2004.

région de naissance bougent plus. La mobilité est essentielle à la réussite. Mais la mobilité, ça s'apprend.

L'assignation à résidence intervient donc très tôt, insidieusement et sans qu'il y ait lieu de chercher un coupable. Partir ou ne serait-ce que bouger ne va pas de soi. Un jeune dont les parents reproduisent les schémas de leurs propres parents, qui ne quittent la maison que pour travailler et se rendre, le samedi, faire des courses dans la zone commerciale de la ville moyenne d'à côté, n'a que peu de chances d'avoir envie d'être mobile. Il n'a pas reçu cette éducation-là. Il n'en a pas les moyens. Il peut, tout simplement, ne pas imaginer possible de partir.

Luna a grandi à Die, sous-préfecture de quatre mille cinq cents habitants de la Drôme. Son père est menuisier, sa mère aide à domicile. Luna rêve de devenir monitrice d'équitation. Elle n'a quitté son département qu'une ou deux fois en dix-sept ans. Ses parents se sont rencontrés à Die. Elle raconte : « En terminale, j'avais repéré une formation réputée en Normandie, que je pouvais suivre après l'été. Mais franchement, partir si loin de chez moi, ça me faisait peur. Je savais que je n'y arriverais pas. »

Les difficultés de mobilité se concentrent dans les espaces peu denses ou très peu denses sur le plan urbain, comme le souligne un dossier publié en 2016 par la revue *Environnement et technique*[1]. La chercheuse Marie Huyghe, professeure à l'université François-Rabelais de Tours, déplore ainsi de nombreux « assignés territoriaux, scotchés à leur territoire ». L'ancrage géographique

---

1. Marie Huyghe, « Territoires ruraux : le casse-tête de la mobilité propre », *Environnement et technique*, n° 363, novembre 2016.

peut dès lors devenir un piège. Plus les formations sont spécialisées, moins elles sont enseignées à proximité du domicile familial, plus elles supposent de mobilité. Or une large part de ces jeunes privilégiera la proximité comme facteur de choix. On va à côté de chez soi parce que c'est plus simple. Ou parce que son grand frère l'a fait. Ou comment, dès l'âge de quatorze ans, la difficulté à se penser mobile peut déterminer le reste de l'existence.

Pour la jeune Gaëlle de Lurcy, se rendre au lycée de Moulins puis étudier à l'université de Clermont-Ferrand relèverait de l'exploit : en termes financiers, logistiques, psychologiques, c'est trop compliqué. Pourtant, passionnée de cuisine, Gaëlle a du talent. « Il faut que ce soit simple, explique sa mère. Je ne peux pas me mettre un stress en plus avec la petite qui serait je ne sais où à faire je ne sais quoi. » L'oncle de Gaëlle travaille depuis toujours dans un restaurant sur la route de Nevers, à une vingtaine de minutes du village. Ses patrons l'aiment bien. Ils pourraient obtenir une place à sa nièce après l'obtention de son CAP. La cousine de Gaëlle a justement décroché un CAP en restauration à Montilly l'année précédente. Elle est à présent chargée de l'accueil, de la vente et du service dans la salle de restaurant où travaille son père. L'ambiance lui plaît. Elle encourage Gaëlle à la rejoindre. « Faut juste que j'attende un an pour postuler, explique l'adolescente. Faut avoir seize ans. Ils nous prennent si on a arrêté nos études un an et qu'on a cherché un peu de travail en attendant, un stage par exemple. Comme ça c'est plus simple. J'aurai pas à aller loin. »

La fracture s'est creusée très tôt entre cette adolescente de l'Allier et celle qui, au cœur de Paris, envisage le semestre qu'elle passera bientôt aux États-Unis ou sa rentrée en première année à l'université d'Aix-en-Provence. Dans son rapport d'étude « Que sait-on des jeunes ruraux[1] ? », le sociologue Benoît Coquard résume : « L'université, dans une ville loin de la famille et des amis, fait plutôt figure de repoussoir, avec ses filières qui leur semblent peu claires en termes d'employabilité par rapport à leurs débouchés. Plus encore, les longues études coûtent cher aux familles rurales qui vivent sur des salaires relativement faibles. […] Enfin, les études longues sont synonymes d'un déracinement durable, car les probabilités de retour en milieu rural sont d'autant plus faibles que l'on est diplômé. » Privilégier les études courtes assure au contraire de travailler en milieu rural : « Les trois quarts des jeunes faiblement qualifiés sont toujours à la campagne trois ans après la fin de leurs études, pour seulement la moitié des diplômés du supérieur. »

Gaëlle précise : « Je suis bien ici. Y a mes parents, mes frères. J'ai onze cousins qui sont restés dans le coin. On se voit le dimanche chez ma grand-mère. Je m'occupe des petits, des enfants de mes cousines. Pendant les vacances on fait plein d'activités. » C'est l'été. L'adolescente nous raconte son mois de juillet. La veille elle a retrouvé ses amies Sonia et Anne près des camping-cars du point d'eau des Sézeaux, à quelques mètres de chez elle. Assises sur les tables de pique-nique,

---

1. Benoît Coquard, rapport d'étude, « Que sait-on des jeunes ruraux ? Revue de littérature », *INJEP*, mars 2015.

elles ont regardé le feu d'artifice du 14 Juillet éclater au-dessus de l'étang. C'était une belle soirée. Les garçons sont venus les rejoindre. Ils ont fait les coqs en buvant des bières. Ensemble ils ont rêvé de camper près d'un autre étang, à une quinzaine de kilomètres de là, seuls sans personne. « Ma cousine y a passé trois nuits l'été dernier avec son copain, raconte Gaëlle. Une nuit au camping coûte 33 euros, c'est super cher. Le truc, c'est qu'il faut venir à vélo ou alors que les parents nous déposent en voiture car c'est loin. Mais une fois qu'on y est, c'est génial. » Elle montre le petit bracelet accroché à son poignet et poursuit, volubile : « Pour 2 euros, avec ce bracelet, tu peux utiliser les toboggans toute la journée et aussi la piscine. C'est hyper varié. Et tu as même une espèce de roulotte qui est, en fait, un grand restaurant où ils font de la paëlla. » Heureuse de ses journées de vacances, Gaëlle s'assombrit à la perspective de la rentrée. Anne, dont la mère est institutrice, a obtenu une place à l'internat du lycée Banville. Sonia ira comme ses frères au lycée professionnel d'à côté. Les trois adolescentes redoutent la séparation, même si, précise Sonia, elles se verront tous les week-ends.

Si le défi de la mobilité concerne les zones rurales, il existe aussi au sein des villes petites et moyennes. « Je suis allé à Sciences Po Grenoble parce que j'habitais à côté de Grenoble. Je ne savais même pas qu'il existait d'autres IEP (instituts d'études politiques), raconte un diplômé. Je ne dis pas que c'était mal. Disons que ce n'était pas un choix. » Pas un choix. Cette expression revient souvent, qu'elle s'accompagne de regrets ou d'un haussement d'épaules fataliste. « De toute façon, je n'étais pas capable d'aller en prépa à Paris. Mes profs m'avaient dit : "Tu seras loin de chez toi, tu vas exploser en vol." Je suis allée à Clermont, même si ça voulait dire ne jamais intégrer Normale Sup. Au moins je pouvais rentrer le week-end », raconte une ancienne élève de prépa du lycée Blaise-Pascal à Clermont-Ferrand. Elle ajoute en souriant : « On sait bien que ce n'est pas nous qui réussissons ces concours. »

Vouloir bouger peut enfin être perçu comme un manque d'attachement à son territoire d'origine. Une forme de trahison. Pas simple de partir quand les frères et sœurs restent. Quand les amis restent. Pas simple de lutter seul contre des freins à la mobilité qui reposent autant sur des éléments matériels que psychologiques.

Ce qui importe pourtant, c'est d'être capable de partir. Pour peut-être mieux revenir. En période de réformes scolaires, universitaires et ferroviaires, la mobilité internationale et territoriale devrait être un levier en faveur de la mobilité sociale, culturelle et professionnelle en France. Sans dispositif adapté, ces jeunes se heurtent à une assignation à résidence qui réduit leur capacité à étudier où ils veulent et comme ils veulent. Une assignation à résidence qui pèse d'autant plus lourd qu'elle a lieu sur des territoires isolés offrant des opportunités d'avenir plus faibles que les métropoles.

3

« Ici, il n'y a rien »

« Il n'y a pas de collège, pas de lycée. Pas d'offre sportive ou culturelle à proximité. Pas de lieu pour que mes filles retrouvent leurs amis, à part la maison. Ici, il n'y a rien. Il faut aller sur Nevers, à trente-cinq kilomètres, pour trouver un peu d'activité. » Lucile est professeure des écoles à Sancoins, dans le Cher. Elle élève seule ses deux filles. Leur maison est perdue dans la campagne sur les bords de Loire. Lucile vit mal cet isolement. Elle redoute ses conséquences pour l'avenir de ses enfants.

Pour les jeunes de la France périphérique, accéder aux structures éducatives et aux activités extrascolaires est un défi. L'isolement de ces jeunes se traduit par une offre très limitée en matière de services. La distance à parcourir pour y accéder réduit leurs possibilités, alors qu'à leur âge les portes devraient au contraire être largement ouvertes pour préparer leur futur.

L'éloignement des ressources pédagogiques et culturelles, des lieux de pratiques sportives, artistiques ou d'apprentissage des langues accentue les différences entre jeunes des grandes métropoles et ceux de la France périphérique. Dès le plus jeune âge, la fracture est flagrante entre un enfant qui peut aller à la bibliothèque à pied et un autre qui n'a accès à aucune bibliothèque municipale. Entre un collégien qui peut se rendre à son club de basket ou d'escrime en trois stations de métro et celui qui ne peut même pas trouver à s'inscrire dans ces disciplines. Entre un lycéen qui peut avoir un engagement associatif et un autre qui ne connaît pas ce type de structures. En moyenne, dans les territoires ruraux, il faut une heure trente aller-retour pour accéder aux équipements éducatifs. La moitié des habitants de ces bassins n'a pas accès aux équipements de loisir à moins de quarante-cinq minutes de route.

« La crise de 2007-2008 a révélé puis amplifié des écarts de développement qui mettent en cause la capacité des territoires à offrir les mêmes opportunités à leurs habitants », souligne le baromètre sur la cohésion territoriale présenté en juillet 2017 par le Commissariat général à l'égalité des territoires (CGET)[1]. Ainsi des millions de jeunes grandissent-ils loin des opportunités qu'offrent les grandes métropoles. Extérieurs à leurs pulsations. Ne serait-ce que dans leurs choix scolaires. Au printemps 2018, un élève de troisième dans un collège de l'académie de Paris va formuler huit vœux de lycées. Dans l'académie de Dijon, ce nombre se réduit à quatre. Moins de choix : moins de vœux. À Lyon, un collégien qui veut étudier l'italien en deuxième langue peut choisir cette option sans trop de difficultés. À Nevers, on doit, pour pratiquer cette langue, faire le choix du privé ou d'un établissement affichant de moins

---

1. CGET, *Portraits de la France. Vers un baromètre au service de la cohésion des territoires*, 2017.

bons résultats au baccalauréat. À Mirecourt, dans les Vosges, l'option italien n'existe pas.

De même le champ des possibles est-il plus réduit en matière culturelle. À Paris, un enfant peut pratiquer l'instrument de musique de son choix. À Vierzon ou Charleville-Mézières, l'offre sera à la fois moindre et plus lointaine. « Je travaille tous les jours de neuf heures à dix-neuf heures. Je ne vois pas quand je pourrais accompagner Chloé à un cours de violon à Épinal ou même à Lunéville », déplore une maman d'élève qui vit à Saint-Pierremont, dans les Vosges. On peut bien sûr considérer que la musique n'est pas indispensable à l'éducation d'un enfant. On peut aussi dire que l'enfant de la France périphérique jouera le mercredi après-midi dans son jardin, plaisir comparable, voire supérieur, à celui du petit Parisien prisonnier de cours de solfège ou d'un square anémique entre deux boulevards. Pourtant, l'influence de la musique sur les capacités cognitives et les apprentissages des élèves est prouvée. Notamment pour lutter contre les difficultés scolaires et les inégalités sociales et culturelles. On sait aussi à quel point les activités extrascolaires (musique, sport, engagement associatif) seront plus tard valorisées par les recruteurs comme autant de preuves d'ouverture d'esprit ou de capacité de dépassement de soi. N'y a-t-il pas une forme d'hypocrisie à feindre d'ignorer ce qu'un jury de concours, un recruteur ou un futur employeur considèrent lorsqu'ils reçoivent un candidat ? Qu'ils l'admettent ou non, ils valoriseront les activités exercées « en plus » de l'école ou des études.

On comprend d'ailleurs ce raisonnement. Un candidat qui n'est pas seulement allé en cours mais a aussi développé des compétences à travers le sport, l'art ou la vie associative rassure. Sa capacité à mener plusieurs activités de front est un gage de curiosité, d'adaptabilité et d'énergie. Mais si l'on suit cette logique, le candidat d'une grande métropole aura nécessairement plus de facilités à présenter un profil solide que le candidat de la France périphérique. C'est ce qu'ont constaté Simon et Magali, jeunes admissibles en école de commerce après une scolarité dans une petite commune de Corrèze et deux années de prépa à Bordeaux. Pour eux, les oraux ont été cruels. Un membre du jury d'une école du Reims a demandé à Simon le pourquoi de l'absence d'engagements associatifs sur son curriculum vitae. S'était-il contenté, pendant toutes ces années, de rentrer de l'école et de « prendre son goûter devant une série » ? Plusieurs mois plus tard, Simon est encore choqué par cette question. « J'aurais dû lui répondre : "Non, monsieur. Je faisais une heure de route pour rentrer du lycée. Ensuite j'aidais mon père au garage. Je m'occupais de mes quatre petits frères et sœurs. Ensuite j'ai fait deux années de prépa, j'ai bossé comme un taré pour rattraper mon retard. Et aujourd'hui je suis là. C'est ça qui compte, non ?" » Non. Simon n'a pas été admis dans cette école de commerce. Ni dans aucune autre, d'ailleurs.

Le membre du jury n'avait pas forcément tort. Mais dans beaucoup de familles, inscrire les enfants à une activité extrascolaire ne va pas de soi. Depuis près de vingt ans, Pierre, éducateur sportif dans un village de Haute-Vienne, tente d'amener les jeunes à la pratique d'un sport. « C'est très dur, raconte-t-il. Les enfants d'ici restent chez eux. Le week-end, il y a une rupture totale : en semaine, ils sont à l'école, mais le samedi et le dimanche, ils ne font rien. » Aux yeux de Pierre, difficile de faire la part des choses entre ce qui relève du manque d'opportunités et du manque de volonté des parents. « C'est vrai que nous, avec ma femme, on fait des heures de bagnole toutes les semaines pour emmener nos enfants à la natation ou au basket. C'est crevant. Tout le monde ne peut pas le faire. Mais à un moment donné... il faut se bouger pour que les gosses s'ouvrent à autre chose. » Pierre et sa femme ont pris la décision de se rapprocher de Limoges à la rentrée suivante : « Au moins les petits auront des trucs à faire. »

L'INSEE signale que 95 % de la population vit « sous influence urbaine[1] ». Mais de quelles villes parle-t-on ? Quels sont les points communs entre le centre-ville de Trélissac, six mille habitants en Dordogne, celui de La Rochelle, en Charente-Maritime, ou encore celui de Marseille ? La vie des jeunes dans les petites villes ou les villages ne ressemble pas à la vie de ceux des grandes métropoles ou des capitales régionales. Lorsque l'on parle d'accès aux études, à la culture, aux loisirs ou à l'emploi, les situations ne sont pas comparables. En outre, le mode de vie peut être urbain sans offrir de nombreuses perspectives. Sans permettre aux habitants de bénéficier des opportunités de la mondialisation. On peut grandir à Verdun, métropole de dix-huit mille habitants dans la Meuse, sans être connecté aux dynamiques du XXIe siècle. Ici, le département gère deux collèges, la région quatre lycées.

---

1. Chantal Brutel et David Levy, « Le nouveau zonage en aires urbaines de 2010 », *INSEE Première*, n° 1374, octobre 2011.

Verdun ne propose quasiment aucun établissement pour les études supérieures. Deux lycées offrent des formations pour obtenir un brevet de technicien supérieur (BTS). Le centre hospitalier compte deux centres de formation, un pour les infirmiers, un pour les aides-soignants. Pour le reste, il faut partir. Encore faut-il, on l'a vu, être en mesure de le faire.

Ces territoires sont comme des îlots. À distance géographique et symbolique des courants d'échanges qui traversent les grandes métropoles. L'une des singularités des jeunes habitants périphériques, c'est que ces obstacles se heurtent à l'univers représenté dans les séries, les émissions ou les films vus à la télévision. Ces derniers leur montrent un monde ouvert, des activités facilitées par un siècle technologique et mondialisé. Leur sentiment de déconnexion n'en est que plus brutal. Pourquoi n'ai-je pas accès à ces opportunités ? Est-il loin, ce monde que je ne connais pas ?

À Neufchâteau, le jeune Julien admet lutter pour rester optimiste. La perte de son emploi de surveillant a été très dure. « Moi, je voulais bosser. J'ai fait ma formation en travaux paysagers parce que j'ai la passion des arbres, des plantes. J'avais l'exemple d'un ami de mon père qui a réussi à en vivre. C'était peut-être une autre époque. J'ai cherché comme un dingue, il n'y avait rien. Aucune place pour un jeune paysagiste. Comme ça marchait pas je me suis pris par la main, je suis devenu pion alors que, franchement, les gamins et les arbres, c'est pas la même chose. Y avait un élève qui me rendait dingue, on a fini par s'empoigner. J'ai été viré. Ça faisait cinq ans que j'étais là, mais OK. Sauf que maintenant je fais quoi ? » Assis en tailleur sur le tapis de sa chambre, chez ses parents, Julien allume une cigarette. Il a, depuis peu, recommencé à fumer. « Faudrait que j'aille chercher du travail à Grenoble ou à Nancy où j'ai des potes. Mais comment je vis là-bas ? Et d'ici là, comment je me paie une voiture ? »

C'est sans doute là une différence fondamentale entre le quotidien d'un jeune de banlieue et celui d'un jeune de la France périphérique. Bien que fragiles économiquement et socialement, les banlieues des grandes métropoles sont, par définition, à proximité des centres mondialisés. Plus proches de la nouvelle donne économique et sociétale que les petits bourgs de province. Un jeune de Montfermeil, en Seine-Saint-Denis, peut se rendre en quarante-cinq minutes à Paris. Un jeune de Bourbon-l'Archambault dans l'Allier peut, en quarante-cinq minutes, être à Nevers dans la Nièvre. Le premier prendra le RER. Le second, s'il n'a pas le permis, sera entièrement dépendant de ses parents. Une fois à Paris, le premier pourra rejoindre des amis, rencontrer d'autres personnes que celles de son cadre socioculturel habituel, accéder gratuitement aux musées s'il a moins de vingt-six ans, découvrir une ville qu'il ne connaît pas. Il pourra éventuellement, l'été de ses dix-huit ans, décrocher un petit job à Paris. Il pourra poursuivre ses études dans la capitale tout en rentrant chez lui le soir, sans que sa famille ait à lui louer un studio. Il ne le fera peut-être pas, mais les opportunités sont à portée de main. Le jeune de Bourbon-l'Archambault, lui, n'aura pas du tout accès à ces opportunités.

Cet éloignement des grands centres influe donc sur la qualité de vie des enfants de la France périphérique. Au sens de l'INSEE, la qualité de vie recouvre plusieurs dimensions : éducation, vie sociale, accès aux services, santé, qualité de l'emploi... Pour ces jeunes, ces composantes peuvent ne jamais exister. Centre-ville à l'abandon, absence de trains grandes lignes, pas d'université, parfois pas même de lycée. Cela donne, écrit Nicolas Bouillant, « des populations qui se sentent abandonnées, reléguées loin des centres-villes dynamiques, cumulant manque de services publics, difficultés de transports, disparition des commerces et des services de proximité, désertification médicale[1] ». Ce sentiment d'abandon assombrit le présent et obscurcit l'avenir des jeunes.

Enfin, le manque d'opportunités s'entend aussi lorsqu'il faut se préparer à une profession. Moins le bassin d'emploi comporte de métiers, moins il sera facile pour les jeunes d'envisager puis de trouver un travail. C'est ce que raconte Hortense, avocate de trente ans dans un cabinet international. Elle est une exception dans son village et le déplore : « Quand je rentre chez mes parents, le journal local fait un article pour montrer mon parcours "exceptionnel". Ça me gêne. En même temps c'est vrai que c'était compliqué d'en arriver là. » Adolescente déjà, Hortense rêvait de devenir avocate. « Pas d'avocat dans ma famille. Pas d'avocat autour de moi. J'avais vu ça dans une série. » Il a fallu quitter la campagne ardéchoise pour entreprendre des études de droit puis exercer son métier. « Après tout c'est normal : on ne peut pas exercer toutes les professions dans un

---

1. Nicolas Bouillant, note, « Assurer l'égalité des territoires », Fondation Jean-Jaurès, 2017.

village ! Le souci, c'est que pour avoir envie d'être avocate et pour comprendre comment accéder à cette profession, je n'avais aucune référence. Aucun accès à proximité. Il y a bien un TGI (tribunal de grande instance) à Privas. Mais c'était déjà le bout du monde pour moi en terminale. » Hortense reste marquée par ce qu'elle a vécu comme un parcours du combattant. « Aujourd'hui, c'est facile de dire que je me suis battue et que c'est une force. Sur le coup, j'avais juste l'impression que je n'avais pas le droit de faire ces études. »

Les jeunes de la France périphérique ont accès à moins de métiers que leurs camarades des grandes métropoles. Cette inégalité des chances a, on le verra, des conséquences sur leurs projets d'orientation.

Deux remarques s'imposent. La première, c'est que vivre dans les territoires périphériques a aussi des avantages. La proximité d'espaces naturels en est un. Les meilleures conditions de logement en sont un autre, en raison notamment d'un prix du foncier plus raisonnable que dans les grandes villes. Sans parler de la pollution ou de la congestion du trafic. Les jeunes de la France périphérique échappent à ces inconvénients. De nombreux urbains choisissent pour ces raisons de quitter les grandes métropoles. La seconde remarque est qu'il faut nuancer ce constat, notamment en fonction de la taille de la ville ou du village. Un jeune de Moulins (vingt mille habitants dans l'Allier) aura plus facilement accès à une salle de cinéma et à des équipements sportifs qu'un enfant de Leyme, petite commune rurale de neuf cents habitants dans le Lot. Malgré tout, le collégien de Moulins et l'élève de Leyme ont de nombreux points communs. La façon dont ils vivent le présent et dont l'avenir se dessine pour eux les rapproche. Même si le premier peut se rendre au musée national du Costume qui se trouve sur les berges de l'Allier et pratiquer la natation à la piscine publique, quand le second ne connaît comme infrastructure que la médiathèque intercommunale.

Pour être mobile, pour avoir accès à des offres nouvelles, il faut savoir que ces opportunités existent. En connaître les contours. Se sentir capable de les saisir. L'éloignement des territoires dans lesquels grandissent les jeunes de la France périphérique les pénalise. Il les isole et les enferme.

4

Attention, très fragiles

« Un CAP c'est du boulot tout de suite et ça rapporte un peu d'argent à la famille. Encore aujourd'hui, ne nous leurrons pas, c'est ce qui motive les choix d'orientation ici. » Pour ce professeur de sciences du collège de Die, dans la Drôme, le destin des jeunes de la France périphérique est déterminé par les fragilités économiques et sociales de leurs territoires.

Son récit rencontre celui d'une jeune psychologue de l'Éducation nationale dont le poste est réparti entre plusieurs établissements de la Creuse. La jeune femme narre le cas de Paul, élève de troisième qu'elle a vainement cherché à orienter en seconde générale. « C'était une flèche, ce gamin », affirme la jeune femme. Elle a reçu trois fois les parents de Paul pour tâcher de les convaincre. Face à la recommandation de l'équipe pédagogique d'envoyer l'adolescent au lycée : fin de non-recevoir. Il entrera comme son frère en CAP commercialisation et services en hôtel-café-restaurant au lycée professionnel de Bourganeuf. « Je n'ai rien contre les filières courtes, au contraire, précise la psy. Mais pour Paul, je sais que derrière le choix des parents il y a avant tout des enjeux financiers. Ils veulent que leur fils gagne sa vie avant ses dix-huit ans. Ils sont loin d'être les seuls à penser comme ça. »

Et pour cause. Les parents de ces jeunes connaissent bien les difficultés de leurs territoires. Les obstacles auxquels eux-mêmes sont confrontés. Ceux que rencontreront probablement leurs enfants. Souvent très attachés à leur région, ils n'en demeurent pas moins lucides. « On galère, résume Josette, assistante maternelle à Florac-Trois-Rivières, sous-préfecture de moins de deux mille habitants de la Lozère. On galère pour trouver du boulot. On galère pour le garder. Les fins de mois sont difficiles. Les débuts de mois aussi, d'ailleurs ! On se demande comment ce sera pour nos enfants. » C'est la galère : cette expression revient souvent. Galère dans les petits centres-villes en sursis. Dans les zones pavillonnaires isolées. Dans les hameaux en pleine campagne. Au cœur des villes situées entre deux gros pôles urbains. À l'écart des grandes métropoles où se concentrent les richesses, loin des sites majeurs de l'économie mondialisée.

Il importe de bien comprendre que si cette situation touche les zones rurales, elle concerne aussi un grand nombre de villes dites « petites et moyennes ». Selon une note du CGET, une trentaine de villes moyennes en France peuvent être qualifiées de « particulièrement fragiles » parce qu'elles concentrent les difficultés[1]. On compte dans ces « maillons fondamentaux de l'armature urbaine française » une population plus âgée que

---

1. CGET, « Villes moyennes en France : vulnérabilité, potentiels et configurations territoriales », *En bref*, n° 45, décembre 2017.

dans les métropoles, une spécialisation industrielle et administrative, une plus faible proportion de cadres et de diplômés, des jeunes moins bien insérés, un taux de chômage élevé, tout comme le taux de pauvreté. Un « cumul de fragilités économiques et sociales » que confirme le démographe Hervé Le Bras dans une interview accordée à la revue en ligne *The Conversation*[1] : « Ce sont à peu près les mêmes territoires où sévit le chômage, où les jeunes n'ont pas de diplômes, où la pauvreté est la plus élevée et où les familles monoparentales sont les plus nombreuses. » Aucun hasard à cela, car ces problèmes, en se renforçant mutuellement, forment un système : « Les jeunes sans diplôme risquent le chômage beaucoup plus que les autres, les chômeurs sont plus pauvres que la moyenne, le chômage est un ferment de dissolution des liens sociaux, en particulier des liens familiaux, ce qui entraîne des ruptures et donc la multiplication des familles monoparentales, dont 35 % sont au-dessous du seuil de pauvreté », explique Hervé Le Bras.

Les jeunes de la France périphérique grandissent donc dans cette France avant tout fragile et populaire. Une France qui dessine une communauté de destin entre actifs issus de catégories modestes, ouvriers, employés, petits indépendants, petits paysans et chômeurs. Ces catégories populaires nées sur les ruines de la classe moyenne ne sont pas les seules à peupler la France périphérique. Mais elles y sont largement majoritaires. « Pour l'essentiel, ces catégories vivent en dessous du

---

1. Hervé Le Bras, « La France inégale. Qui vote FN ? Pas forcément ceux à qui l'on pense », *The Conversation*, 2017.

revenu médian, parfois dans des conditions de précarité extrême, toujours dans un état de fragilité sociale. L'employé du lotissement pavillonnaire, l'ouvrier rural, le chômeur du bassin minier, le petit fonctionnaire, mais aussi le petit paysan, qui voisinent aujourd'hui dans la France périphérique, contribuent à la recomposition sociale des milieux populaires », écrit Christophe Guilluy[1]. Cette évolution se fait sans bruit. Elle a pourtant de multiples répercussions, notamment sur les jeunes.

Lorsque les moyens du foyer sont réduits, l'accès à l'éducation et à l'orientation n'est pas le même. L'accès à la culture, aux loisirs et aux vacances non plus. Les perspectives d'avenir, elles aussi, sont différentes.

Gaëlle aime parler de ses parents et de ses frères et sœurs. Elle fait partie d'une famille soudée. Elle raconte volontiers sa maison, la ronde des corneilles dont les cris la réveillent le matin et le gloss à l'abricot Gemey Maybelline qu'elle vient de recevoir pour son anniversaire. Elle décrit les ménages de sa mère à l'établissement d'hébergement pour personnes âgées dépendantes (EHPAD) « Soleil couchant » et son père qui travaille tout l'été sur le chantier de la prison de Moulins, à trois quarts d'heure de route. Il dit que ce n'est pas plus fatigant qu'un autre chantier de maçonnerie, mais que l'ambiance y est sombre. Lui et ses collègues doivent porter des gilets pare-balles. Ils négocient : trop dur de bosser avec ça sur le dos. Surtout avec la chaleur. Gaëlle s'estime heureuse d'avoir deux

---

1. Christophe Guilluy, *La France périphérique. Comment on a sacrifié les classes populaires*, Flammarion, 2014.

parents qui travaillent. Elle sait que ce n'est pas le cas de beaucoup de ménages des environs.

Il n'existe pas, à notre connaissance, d'études qui portent sur les difficultés spécifiques des jeunes de la France périphérique. Mais de nombreux rapports exposent les conséquences de ces situations de précarité ou de fragilité sociale pour les individus.

« C'est chaud », admet Laëtitia. Elle est venue vivre dans l'Aube pour suivre son petit ami, prof de sport, affecté dans l'académie. Ils ont vingt-six ans. Le couple s'est installé à Auxon, village de neuf cents habitants à trente kilomètres de Troyes. « On vient tous les deux de Lille, mais la vie est très chère en ville. Et puis on avait envie de changer », explique Laëtitia. Avant la rentrée, elle a envoyé soixante-sept CV pour trouver du travail. Titulaire d'un BTS spécialité assurance, elle s'imaginait devenir agent, courtière ou conseillère en assurance. « Ma cousine a fait ça. Elle vit à Nîmes. Après son diplôme, elle a trouvé du travail tout de suite. Ici c'est compliqué. J'ai cherché à Troyes… Rien du tout. » Après cinq mois sans emploi, Laëtitia a accepté un poste de secrétaire de direction dans une clinique médicale. « Avec juste le salaire de Bruno, on ne peut rien faire, soupire-t-elle. Et j'ai pas fait deux ans d'études pour rester à la maison. C'est fou. J'ai l'impression qu'y a pas de travail ici. »

Le travail, défi majeur pour les jeunes de ces territoires qui ont en commun une vie à l'écart des zones d'emploi les plus actives. Cindy, vingt-cinq ans, aide-soignante à l'hôpital de Dijon, énumère des cas parlants : « Mon frère était serveur dans la pizzeria sur la route de Dijon, mais là il a plus de boulot. Le restau a fermé. Ma cousine Clarisse s'est mise photographe à son compte, elle fait les mariages, les baptêmes, les grandes occasions. Elle adore, mais elle peine. Y a pas beaucoup de boulot. Sa sœur, elle, a été surveillante à l'école primaire pendant trois ans. Ils viennent de la remplacer par la fille de la directrice. Et puis mon copain travaille dans le bâtiment. Mais du coup on peut pas bouger, ça embauche pas en un claquement de doigts. » Cindy ajoute : « L'année dernière il a pas eu de travail pendant huit mois. On peut pas reprendre ce risque. »

Les grandes aires urbaines de plus de cinq cent mille habitants concentrent une part importante de l'activité. Si elles rassemblent environ 40 % de la population française, elles drainent 55 % de la masse salariale totale. Le produit intérieur brut par habitant y est en moyenne 50 % plus élevé que dans le reste du pays, selon l'INSEE. À l'inverse, alors que 12 % de la population habite dans des communes de moins de vingt mille habitants, ces dernières ne représentent qu'un peu plus de 6 % des salaires versés.

Les jeunes de la France périphérique subissent cette situation économique et sociale dégradée. Entre 2007 et 2013, l'emploi n'a augmenté que dans les grandes métropoles. Dans les territoires périphériques, il est en diminution ou augmente très faiblement. C'est ce que met en lumière l'atlas réalisé en 2016 par l'Assemblée des départements de France. Les métropoles, Paris en particulier, concentrent l'activité à haute valeur ajoutée et les populations qualifiées. Les villes moyennes et les territoires peu denses se fragilisent. Le phénomène est très net, mais ne semble pas pour autant attirer l'attention.

Car si l'on ne voit pas le creusement des inégalités qui atteint de plein fouet la jeunesse périphérique, c'est que celle-ci loge dans un coin aveugle de notre carte mentale des inégalités. Comme si la question sociale se focalisait sur les quartiers des grandes villes. Ces derniers connaissent évidemment des situations de précarité et de pauvreté. Depuis quarante ans, une dizaine de plans banlieues ont d'ailleurs été lancés par les gouvernements successifs, jusqu'au récent « plan Borloo » remis au Premier ministre en avril 2018. Dans son rapport, l'ancien ministre de la Ville appelait à une mobilisation nationale d'urgence autour des quartiers.

Une politique de la ville efficace est effectivement indispensable. Mais la mobilisation nationale doit prendre en compte cette nouvelle géographie sociale qui conduit la France périphérique à cumuler les indicateurs négatifs. Car les villes, les villages ou les hameaux dans lesquels grandissent les jeunes de la France périphérique cumulent les fragilités. Au regard de l'indice de fragilité construit par les géographes Christophe Noyé et Christophe Guilluy, 98 % des communes françaises les plus fragiles se trouvent dans la France périphérique. « Délaissées au profit des métropoles, les villes moyennes comptent leurs plaies », titrait *Le Monde diplomatique* en mai 2018. « Isolement, faibles ressources, exil des jeunes et des diplômés, chômage, pauvreté. Pour leurs élus, l'égalité des territoires prévue par la Constitution n'est plus qu'un souvenir », ajoutait le journaliste Jean-Michel Dumay, auteur de l'enquête.

Au premier trimestre 2017, le taux de pauvreté en France était de 13 %. Le taux de chômage à moins de 10 %. À Lunel, commune de vingt-cinq mille habitants dans l'Hérault, le taux de pauvreté était de 25,8 % et le taux de chômage de 20,9 %. À Brignoles, dans le Var, six mille six cents habitants, ces chiffres s'élevaient à 19,8 % et 23 %. À Luxeuil-les-Bains, en Haute-Saône, six mille cinq cents habitants, le taux de pauvreté était de 20,8 % et le taux de chômage de 23,4 %. Le phénomène touche le Nord, l'Est et les anciens pôles industriels ou miniers (Douai-Lens, Béthune, Thionville). Mais aussi le Sud et le Sud-Est, particulièrement le Languedoc-Roussillon (Carcassonne, Béziers, Alès) où les revenus moyens figurent parmi les plus faibles : 17 % de moins que la moyenne nationale. Les exemples sont innombrables et dessinent une carte de la France calquée sur les fragilités économiques et sociales. Comment imaginer que ces vulnérabilités n'aient pas un impact brutal sur la jeunesse de ces territoires ?

Certaines situations se cachent parfois derrière des statistiques trompeuses. Quelques départements de la France périphérique, comme la Lozère, ont par exemple un très faible taux de chômage (6,3 %). Pourtant, les jeunes ont peu de chances d'y trouver du travail. Ils vont chercher un emploi ailleurs, notamment dans les départements proches, comme le Gard et l'Hérault. C'est le cas d'Astrid, installée dans l'Hérault après l'obtention de son master énergie à l'université Montpellier-I. Originaire de Florac, à deux heures trente de là, Astrid aurait aimé revenir s'y installer après ses études. D'autant que son compagnon, Éric, diplômé en aménagement du territoire, a trouvé un travail au parc national des Cévennes dont le siège est précisément au château de Florac. Mais pour l'heure, pas de possibilité pour la jeune diplômée. « C'est simple, il n'y a pas de travail pour moi dans la région de Florac. J'ai de la chance d'avoir un boulot. Je ne vais pas le lâcher et arrêter de bosser. Éric a trouvé le job de ses rêves. C'est rare. Il ne veut pas l'abandonner et je le comprends. Je ne sais pas encore comment on va faire... »

Le cas d'Astrid n'est pas isolé. Les jeunes de la France périphérique ont des difficultés à trouver un travail dans leurs régions, trop peu créatrices d'emplois et plus exposées que les grandes métropoles aux destructions des emplois restants. Celles-ci peuvent être liées au progrès technique et aux délocalisations. Une étude de l'INSEE de 2017 décrit ainsi la combinaison de ces tendances au sein de la France périphérique[1]. Elle montre que les grandes agglomérations bénéficient à la fois de l'ouverture internationale et des changements technologiques. À l'inverse, les territoires ruraux et les zones urbaines plus isolées concentrent des emplois répétitifs délocalisables ou remplacés par des robots ou des machines.

La conséquence première de ces fragilités est la difficulté des jeunes à s'insérer sur le marché du travail. Bénédicte, vingt-sept ans, a contacté Chemins d'avenirs pour témoigner de son expérience. Elle vit à Redon, au centre de la Bretagne. Après une période de chômage de dix mois à l'issue de son master d'histoire de l'art

---

1. Farid Toubal, « L'impact de la mondialisation et de la technologie sur les marchés du travail locaux », *Économie et Statistique / Economics and Statistics*, n° 497-498, 2017.

à l'université de Rennes, elle a enchaîné les contrats précaires : contrat à durée déterminée (CDD) pour un centre aéré puis une colonie de vacances dans le Morbihan, emploi aidé à la mairie avant un nouveau CDD auprès d'un office du tourisme du sud de la région. Un an après, Bénédicte se retrouve de nouveau sans emploi.

L'existence de disparités territoriales est d'ailleurs avérée pour le chômage des jeunes. Les rythmes de sortie du chômage en Auvergne-Rhône-Alpes soulignent l'existence de puissants effets de territoire ou « effets de lieu ». Prenons le cas de deux jeunes, titulaires du même diplôme et forts d'expériences comparables, mais vivant dans deux territoires différents. Le jeune habitant en Haute-Loire sortira plus difficilement du chômage que celui vivant dans l'agglomération lyonnaise. Et cet effet de territoire persiste dans le temps. Il ne se résorbe pas lorsque la conjoncture s'améliore. Autrement dit, les inégalités des chances territoriales en matière d'emploi résistent à la croissance.

C'est dans ce contexte que grandissent plus de 60 % des jeunes Français. Dans une France fragilisée. Leurs itinéraires personnels ou professionnels en sont affectés. Leurs opportunités sont réduites. Il leur est plus difficile de trouver un emploi stable et plus difficile de le garder. Plus difficile aussi de faire des projets. De se projeter vers l'avenir.

Dans son article pour *The Conversation*[1], Hervé Le Bras remarque : « Dans les villes, même les plus pauvres peuvent espérer rencontrer une opportunité qui

---

1. Hervé Le Bras, « La France inégale… », art. cit.

les tirera de la misère. » Et d'ajouter : « Dans les zones éloignées du centre, les habitants se sentent oubliés et ont l'impression de ne pas pouvoir changer leur situation. »

Ne pas traiter les conséquences de ces grandes fragilités économiques et sociales sur les jeunes, c'est bien prendre le risque de voir s'accroître les fractures entre les Français. C'est renforcer en eux un sentiment d'infériorité qui nourrit leur autocensure.

5

Les ravages de l'autocensure

> « Mon professeur d'anglais au lycée de Montluçon m'avait dit : "Ne t'embête pas à étudier l'anglais. De toute façon, tu travailleras à l'usine." »
>
> Didier Michaud-Daniel,
> directeur général de Bureau Veritas

L'autocensure s'installe très tôt. Sans en avoir l'air. C'est une conversation attrapée au hasard par l'oreille d'un enfant, un dimanche midi à la table familiale. On parle d'Antoine, un cousin. À dix-huit ans il a quitté Louviers, sa ville normande de dix-neuf mille habitants. Il est aujourd'hui au chômage. Pourtant, il a fait des études. « C'est une tête. Il a une licence d'histoire. Il l'a eue à la fac à Paris. Il aurait mieux fait de ne pas faire le malin et d'aller chez Ipsen ou dans la chimie à côté de Dreux ! » L'enfant entend. Il retient des phrases. Ce cousin aurait mieux fait de rester dans le rang. Dans la région. Il a péché par présomption. Il est puni par le chômage. C'est pas pour nous. C'est pas pour toi. C'est pas pour moi.

L'autocensure est l'un des obstacles les plus redoutables que les jeunes de la France périphérique ont à surmonter. Souvent cachée. Toujours présente. Trop sous-estimée. L'autocensure se transmet. Elle se développe. Comme un virus. C'est un obstacle qui tient à la façon dont les collégiens, lycéens et étudiants des territoires périphériques se voient. Et aux inhibitions qu'on leur transmet. La façon dont ils se perçoivent, la façon dont ils sont perçus ou pensent être perçus. Tout pousse ces jeunes à intérioriser une forme d'incapacité à accéder aux études ou professions de leur choix. Tout les pousse à penser : « Ce n'est pas fait pour moi. »

Sonia grandit au milieu d'un village à une heure de Poitiers. Elle fait depuis toute petite de la gymnastique à haut niveau et plus de quinze heures de sport par semaine. Elle a d'excellentes notes dans toutes les matières, malgré les deux heures de bus quotidiennes. Quand on regarde le profil de Sonia, on se dit que toutes les voies lui seront ouvertes à la fin de sa terminale. Après son bac, elle poursuivra sa passion et se lancera dans une carrière d'athlète. Elle qui adore les sciences pourra aussi tenter une première année de médecine. Elle pourra également ravailler dans la recherche. Elle pourra aller en classe prépa, par exemple en prépa ingénieur ou encore littéraire – elle est très douée en philosophie et en lettres. Elle pourra entrer à l'université et ensuite enseigner. Elle pourra tenter tout à fait autre chose, décider de se lancer dans l'artisanat. Elle dit qu'elle aime bien créer des choses avec ses mains. Elle a le choix. On dirait de Sonia qu'elle peut tout faire.

Pourtant, la jeune fille ressent les choses très différemment. Quand on lui parle d'une formation d'ingénieur, elle temporise : « Mes parents pensent que ce sera trop dur pour moi. » Les classes prépas ? « Je ne vais me retrouver qu'avec des bons, je n'y arriverai pas. » Sciences Po et les IEP ? « Ils ne prennent pas des gens comme nous au concours. » Et lorsqu'on demande : « Des gens comme vous ? », elle répond sans hésiter : « Des enfants de la campagne. » À dix-huit ans, Sonia se sent déterminée. Déterminée au sens négatif du terme. Déterminée par ses origines territoriales. Motivée et curieuse, elle a l'impression de ne pas être libre de choisir. Talentueuse, elle a le sentiment qu'un grand nombre de voies lui sont définitivement fermées.

« Le problème, c'est que nos jeunes manquent d'ambition. » Cette phrase est récurrente lors des interventions de l'association Chemins d'avenirs dans les villes et villages de la France périphérique. De nombreux acteurs semblent partager cette conviction : personnels de l'Éducation nationale, employeurs, parents parfois. Mais l'ambition ne se décrète pas. Il ne suffit pas de dire : « Soyez plus ambitieux ! » à des jeunes qui, dès le plus jeune âge, ont intégré l'idée qu'ils n'étaient pas dans le coup. Qu'ils n'avaient pas droit à tout. Pour combattre l'autocensure, il faut pourtant insuffler de l'ambition. Il faut déverrouiller des portes. Dénouer dans les esprits des nœuds des plus complexes.

Charlotte, notre jeune étudiante de Cerbère en formation à l'Institut de soins infirmiers de Perpignan, est consciente du rôle joué par l'autocensure dans son choix de formation. « En terminale, mes profs disaient que j'étais suffisamment bonne pour aller en médecine. C'est vrai que j'adorais ça, les maths, la physique, les sciences de la vie et de la Terre. J'ai eu de super notes au bac. N'empêche que médecine… c'est autre chose ! C'est pour les têtes. Je ne m'en sentais pas capable. »

Son père, restaurateur, s'en veut de ne pas l'avoir plus poussée : « Charlotte, c'est une intello. On l'a toujours su. Elle lit des tonnes de livres et avait des notes comme j'en ai jamais eu personnellement. On aurait peut-être dû écouter ses profs. Ils disaient qu'elle pouvait aller à la fac à Montpellier. Mais même elle disait qu'elle n'y arriverait pas. Ma femme et moi on n'avait pas non plus envie de la forcer. » Il répète, circonspect : « Peut-être qu'on a eu tort. C'est impossible à dire maintenant de toute façon. »

Que l'on aspire à devenir artisan, entrepreneur, enseignant, agriculteur, diplomate, ou que l'on ne sache pas du tout ce que l'on souhaite faire, il faut être en mesure – c'est un préalable – de se projeter vers l'avenir. Pour se projeter, ces jeunes doivent s'affranchir de multiples complexes. Car l'autocensure se nourrit de plusieurs facteurs.

Tout d'abord, le fait qu'une connotation péjorative persiste autour du terme d'« ambition ». Surtout lorsqu'elle concerne un jeune de la France périphérique. On pense de nouveau aux personnages littéraires provinciaux et ambigus qui entendent gravir l'échelle sociale aux dépens des autres, Bel-Ami en tête. Dans les esprits, réussir lorsque l'on vient de si loin signifie jouer des coudes, comme un personnage de Balzac ou de Maupassant. Employer des moyens inavouables. Renoncer à son intégrité, pour mieux s'élever. Comme si, décidément, ces jeunes ne pouvaient réussir sans abdiquer une part de leur nature. Alors qu'elle devrait être envisagée comme facteur d'épanouissement, l'ambition est souvent perçue comme une distorsion. Elle est caricaturée. Ramenée à une dimension inférieure plutôt qu'à la volonté de se réaliser, de déployer pleinement son potentiel. Les jeunes de la France périphérique n'auraient donc pas le droit d'être aussi ambitieux que les autres ? C'est en tout cas un postulat implicite trop souvent plaqué sur eux.

C'est aussi ce que ces jeunes pensent d'eux-mêmes. « Nos élèves complexent, déplore un chef d'établissement de l'Allier. Les élèves d'un collège de REP (réseau d'éducation prioritaire) rural complexent par rapport aux collégiens du village d'à côté, considérés comme meilleurs parce que le village est seulement un peu plus grand. Et eux-mêmes complexent lorsqu'ils se comparent aux élèves d'un établissement d'une petite ville comme Moulins. Qui n'osent même pas regarder du côté de Montluçon. C'est sans fin. » Les complexes s'additionnent pour former une couche épaisse d'interdits.

Or, il ne s'agit pas seulement d'inconfort psychologique. Il ne s'agit pas seulement pour ces jeunes de questionnements sur leur légitimité dans un moment charnière de leur scolarité. Ces simples doutes, naturels à l'adolescence, peuvent être apaisés par un parent, un professeur qui encourage et stimule. Mais ce qui se joue chez de nombreux jeunes de la France périphérique, c'est leur capacité à agir – ou non. Du fait de cette autocensure puissante, les jeunes des territoires ne se sentent pas libres, pas capables d'agir. Ils ont peur. Ils mesurent l'écart à combler, en termes de codes, de connaissances, de savoir-être. « Mes filles se sont pris une claque au lycée. C'était déjà le cas à mon époque. On me faisait remarquer que je venais d'un petit collège. Je n'en étais pas fière », raconte une employée de mairie d'un village des Ardennes.

Les témoignages en la matière sont nombreux. « Je ne sais pas comment vous dire. » Caroline cherche ses mots. « Quand je suis arrivée au collège de Vichy après avoir été à l'école primaire dans mon village, ça a été très violent. C'était une question de niveau scolaire mais surtout de savoir-être. Je n'étais pas à ma place. » La jeune fille évoque ses chaussures qu'elle trouvait mal taillées et sales à côté de celles de ses camarades de classe. « On me disait : "T'as un accent !" Franchement, je ne crois pas que j'en avais un. J'avais grandi à vingt kilomètres. » Caroline éprouvera ce sentiment à plusieurs reprises : lors de son entrée en classe prépa à Saint-Étienne, lors de son arrivée en école de commerce à Grenoble, une fois encore lors de son insertion dans la vie professionnelle. « Chaque fois, c'était violent. Je me sentais plouc. Déconnectée. C'était un choc des cultures. » Caroline a l'impression de ne pas utiliser les mots justes. De ne pas porter les bons vêtements. De ne pas penser correctement. « Il faut tenir le coup. Quand on est jeune, ce n'est pas facile. On a juste envie de laisser tomber. On se dit : "Bon… OK, merci… et si je restais plutôt chez moi ?" » Le sentiment que l'ancrage géographique détermine l'orientation future s'installe très vite.

Lorsque ce sentiment est partagé par les familles et les équipes éducatives, le virus gagne des forces. Partagée à tous les étages, l'autocensure bride les envies. Elle modifie les orientations académiques puis professionnelles. Ainsi les parents, aussi bien intentionnés soient-ils, ne sont pas toujours en mesure de lever ces obstacles. Ils peuvent même contribuer à cette autolimitation. Car les études des enfants, on l'a vu, tiennent parfois du défi pour les parents : en termes financiers, logistiques et psychologiques. C'est ce que raconte cette mère de famille : « Je remettais ma fille dans le train pour Paris où elle était en hypokhâgne. Elle pleurait, disait qu'elle ne voulait pas y retourner, qu'elle voulait rentrer à Montauban. Une grosse partie de mon salaire passait dans la location de sa chambre. Par moments, j'avoue, je me demandais : "À quoi bon ?" »

Les équipes pédagogiques peuvent aussi se sentir démunies et transmettre, sans le vouloir, ces inhibitions. Elles connaissent la réalité des territoires où elles enseignent. Elles mesurent les obstacles à franchir pour des jeunes qui voudraient aller plus loin. « J'hésite toujours à encourager mes élèves à postuler dans une classe prépa, raconte le proviseur d'un lycée du Puy-de-Dôme. Si c'est pour qu'ils se cassent la figure six mois plus tard... Je préfère parfois les envoyer à Clermont ou à Dijon, près de chez eux. » Ce proviseur raconte le choc ressenti par certains jeunes. Le sentiment d'échec, quand ils doivent ensuite rentrer chez eux. « C'est un équilibre à trouver. Et ça ne va pas toujours, j'en suis conscient, dans le sens de l'ambition pour ces jeunes. C'est une vraie chaîne de complexes à laquelle on participe aussi », résume-t-il.

En 2015, à la fin de leur classe de troisième au collège de Lurcy-Lévis, près de 30 % des élèves seulement sont partis en seconde générale et technologique ; 70 % donc ont dû s'orienter vers des formations professionnelles : brevet d'études professionnelles,

CAP ou bac pro. Sur ces 70 %, combien n'ont pas poursuivi leurs études et se sont retrouvés sur le marché de l'emploi avec seulement le brevet en poche ? « Je voulais faire pharmacienne, mais c'est trop dur, alors plutôt vendeuse, je pense », confie une collégienne. Les chefs d'établissement soulignent cette orientation subie. Subie parce que les jeunes n'osent pas et ne sont pas encouragés par leur famille. « Stéphanie fait partie des trois premières de sa classe. Elle veut faire un CAP dans les métiers de la restauration du patrimoine. Je lui dis : "Mais Stéphanie, fais un bac pro !" Elle est têtue. Elle ne veut pas. Ses parents non plus ne voient pas l'intérêt », témoigne un principal de collège.

Questionnées sur le « diplôme le plus utile pour trouver un emploi », les familles des zones rurales se cantonnent plus souvent que les autres aux diplômes techniques de type CAP-BEP : 18 % contre 4 % dans le groupe le plus favorisé. Elles semblent aussi nettement moins croire à l'utilité d'un diplôme de l'enseignement supérieur : 18 % contre 49 % dans le groupe le plus favorisé[1].

L'autocensure de la jeunesse périphérique découle aussi du sentiment d'être différent. Ces jeunes se perçoivent souvent comme à part, voire relégués. Ce sentiment va chez eux jusqu'à la sensation d'être exclus. Exclus de quoi ? Du XXIe siècle ? De la mondialisation ? Ou bien tout simplement oubliés ? L'expérience de Chemins d'avenirs montre à quel point les jeunes de ces

---

1. Marie Duru-Bellat, « Accès à l'éducation : quelles inégalités dans la France d'aujourd'hui ? », document de référence préparé pour le *Rapport mondial de suivi de l'éducation pour tous 2010*, UNESCO, 2010.

territoires ont surtout besoin que l'on vienne à leur rencontre pour leur dire : « Nous croyons en vous ! » Les questionnaires de candidature envoyés après la venue de l'association dans leurs établissements traduisent cette attente. « Ce qui m'a donné envie de vous écrire, c'est que les personnes qui sont venues nous voir avaient vraiment l'air de croire en nos capacités et en nos chances de réussite », se réjouit Vincent, élève de terminale à Saint-Pourçain-sur-Sioule, une commune de cinq mille âmes à une heure de route de Clermont-Ferrand. « Deux filles sont venues nous parler de notre avenir, se souvient une élève de première d'un lycée voisin. Elles pensaient qu'on pouvait trouver notre voie. Ça donne envie, c'est sûr. C'est rare d'entendre ça. »

Les jeunes ruraux sont souvent perçus comme « relevant du traditionnel et du temps jadis », écrit Benoît Coquard, sociologue à l'université de Poitiers. Dépeints comme mal adaptés aux évolutions de la société moderne. Même s'il existe un regain d'intérêt pour les enquêtes sur le monde rural depuis les années 2000, ces jeunes restent méconnus. Ils ne peuvent pas aisément saisir leur propre identité. « Plus que les jeunes, ce sont les classes populaires rurales dans leur ensemble qui sont parlées par un nouveau discours politique et médiatique sur une France des oubliés[1]. » Pour le chercheur, ces jeunes sont pris entre deux feux : d'un côté mépris et stigmatisation ; de l'autre discours emphatique, sur fond d'accents populistes, présentant la ruralité comme l'incarnation du « vrai peuple ».

---

1. Benoît Coquard, « Que sait-on des jeunes ruraux ? », *op. cit.*

Ce sentiment de relégation n'existe pas seulement chez les jeunes des familles les plus défavorisées. Contrairement à une idée reçue, on retrouve ces mécanismes d'autocensure au sein de chaque classe sociale. À capital socioculturel équivalent, le fils d'un avocat de Romans-sur-Isère (Drôme) et celui d'un avocat parisien ne s'autoriseront pas les mêmes projets. Ne serait-ce que parce que le second est passé toute sa vie devant l'université en allant au collège puis au lycée, quand l'autre n'a parfois jamais vu d'université. Ne serait-ce que parce que l'élève parisien est entouré depuis toujours de jeunes qui envisagent de postuler en classe prépa, quand celui de Romans est dans une classe où moins de 2 % de ses camarades le feront.

Dans la France périphérique, les inégalités territoriales touchent pratiquement toutes les classes sociales. Ou, pour le dire autrement, faire partie d'un milieu favorisé n'est pas une garantie absolue contre l'inégalité des chances territoriales.

En outre, l'autocensure se nourrit des difficultés à se projeter, faute, notamment, de modèles auxquels s'identifier. Pour les jeunes de la France périphérique comme pour les autres, une personne inspirante peut faire la différence dans un parcours. Échanger avec un programmeur lorsque l'on rêve de faire ce métier motive et stimule. Rencontrer un entrepreneur et écouter ses conseils peut faire naître une vocation et faire gagner du temps. Cette rencontre permet à une profession d'être soudain incarnée, perçue comme plus accessible. Encore faut-il être à proximité de ces témoins volontaires. À l'évidence, ces derniers sont moins nombreux à se déplacer et moins immédiatement accessibles pour les jeunes de la France périphérique. « On ne connaît personne, résume simplement une mère de famille dans la Creuse dont les deux filles, lycéennes, s'interrogent sur leur avenir. Quand Amélie me dit qu'elle veut être ingénieure du son, je lui demande de bien réfléchir. On n'a pas d'ingénieure du son ici. »

Les mécanismes d'autocensure qui touchent les jeunes femmes sont particulièrement perceptibles dans la France périphérique. Les collégiennes et lycéennes de ces territoires représentent d'ailleurs plus de 70 % des candidats voulant rejoindre l'association Chemins d'avenirs. Sujettes à une autolimitation renforcée, ces jeunes filles se cantonnent souvent dans leurs souhaits d'orientation à des professions stéréotypées, pour ne pas dire genrées. « Sur dix filles de ma classe de troisième, vous pouvez être sûr qu'il y en aura trois qui voudront travailler avec les enfants, trois avec les animaux, et les autres dans la mode ou le sport, synthétise une professeure d'éducation physique d'un collège du Cher. Forcément : y a pratiquement que ça comme métiers autour d'elles ! » On sait combien le manque de modèles permettant de valoriser des carrières scientifiques ou techniques joue dans les décisions d'orientation des filles, celles-ci s'orientant plus volontiers vers des filières comme le droit ou la littérature. Ce manque de références ou d'archétypes est plus prégnant encore dans les territoires isolés que dans les grandes métropoles. La diversité des carrières proposées aux femmes ne se voit pas dans les rues de Mauvezin, dans le Gers, ni même dans celles de Villeneuve-sur-Lot, comme dans les rues de Bordeaux ou de Toulouse. Les horizons offerts aux jeunes femmes de ces petites villes y sont donc particulièrement limités.

Le silence autour du phénomène d'autocensure des jeunes de la France périphérique contribue à entretenir leurs complexes et leurs résistances. L'autocensure dans les banlieues est combattue par la mise en valeur de profils issus des quartiers. Elle se combat aussi grâce à un discours contre les stéréotypes. Cette approche volontariste et positive serait également bénéfique pour les jeunes de la France périphérique. L'« école de la confiance » appelée de ses vœux par le ministre de l'Éducation nationale Jean-Michel Blanquer entend mettre l'accent sur la confiance des jeunes en eux-mêmes. C'est un pas dans la bonne direction... si cette volonté réussit toutefois, chemin faisant, à parvenir jusqu'aux jeunes les plus concernés par le sujet.

6

Bulles éducatives

Agnès est une avocate cavaillonnaise. Assise à la terrasse d'un café de la place du Clos où se dressent les vestiges d'un petit arc romain, un verre de Perrier à la main, cette quarantenaire nous raconte la mésaventure de son fils aîné. Pierre faisait partie de la tête de classe au lycée public de la ville. Désireux d'entrer en prépa économique et commerciale, il a demandé à ses parents d'effectuer sa terminale à Paris. Pour se mettre au niveau. Pour être prêt. « En quelques mois, il était cassé, raconte Agnès. Je pensais bien que ce serait difficile pour lui, mais je ne m'attendais pas à ce qu'il existe une telle différence entre Paris et la province. Il se trouvait tout à coup dernier de la classe. Il se sentait à côté de ses pompes. Il a fait une dépression pendant plusieurs mois. À la fin de l'année il n'a été pris dans aucune prépa, à cause de ses notes. » La mère de Pierre semble secouée par l'expérience. « Je me dis qu'on a fait une erreur avec mon mari. Pierre n'était pas capable d'affronter la ville. Il ne pouvait pas affronter le niveau de ces jeunes qui sont des bêtes de travail. On aurait dû le garder ici. »

Le niveau scolaire des établissements de la France périphérique est une question sensible. Une question qui dérange et véhicule d'importants malentendus.

Les enfants des villages et des petites villes de France ne sont évidemment pas plus bêtes que leurs camarades des grandes métropoles, loin s'en faut. Le sujet gêne surtout ceux qui ne le considèrent que de loin. Un chef d'établissement d'un collège de la Creuse pose à sa manière la question qui taraude les élèves et leurs parents : « L'enjeu est de savoir quand et comment on enlève les béquilles à nos gamins, pour qu'ils puissent affronter le "vrai monde". » L'expression laisse songeur. Le chef d'établissement précise : « Je vous parle d'une bulle : le collège que je dirige. » Et d'expliquer que les collèges ruraux protègent leurs élèves, au risque de laisser se creuser un fossé entre leurs évaluations et celles pratiquées ensuite au lycée. Ou dans n'importe quel établissement plus urbain.

Il faut dire que les petites équipes qui travaillent dans ces établissements sont très mobilisées autour des jeunes. Elles connaissent parfaitement leurs élèves et les situations des familles. « On les cocoone. Il faut bien ça. Ça n'aurait aucun sens de ne mettre que des 3/20 en sixième. Le niveau ici est très bas. Alors on note plus confortablement. Et les bons éléments aussi sont, de fait, surnotés », raconte le principal. La question pour ceux qui peuvent aller en seconde générale, c'est de savoir comment on les prépare à la suite. Quand on décide de les mettre au niveau. « La question, répète-t-il, c'est de savoir à quel moment, en troisième, on se doit de leur dire : "Maintenant, on va vous noter normalement. On va vous noter comme les élèves des villes." »

Le proviseur d'un dynamique lycée voisin confirme l'analyse de son collègue : « Mes terminales, à un moment, je dois leur dire : "On va vous traiter comme quand vous étudierez à la fac. Sinon, vous allez vous écraser. Parce qu'ici, ce n'est pas la vraie vie." » Pas le vrai monde, pas la vraie vie. L'idée revient. Celle de bulles éducatives qui, lorsqu'elles éclatent, peuvent faire très mal au jeune plongé dans un univers plus compétitif et plus dur. Le proviseur fait état de sa crainte d'une violente désillusion pour certains jeunes, pas assez armés pour vivre loin de chez eux et seuls. « Et souvent pas assez armés sur le fond. En comparaison avec le niveau des autres. Personnellement, je serais favorable au fait d'instaurer des partiels dès la terminale. Pour qu'ils s'habituent. Pour harmoniser le niveau. Sinon pour eux ça fait vraiment trop de changements d'un coup. Ils peuvent le payer cher. »

Les élèves eux-mêmes ont conscience de ce risque. Ils connaissent le décalage entre leurs établissements périphériques et les exigences des établissements des grandes villes. Marine, elle aussi ancienne élève du collège de Lurcy-Lévis qui compte quelque deux cents collégiens, se livre : « En maths, j'étais première de la classe au collège. Au lycée, j'ai tout de suite eu 2 de moyenne, 0,5 au premier contrôle en première économique et sociale. J'avais honte. » Naît ainsi chez ces jeunes le sentiment qu'il y aura toujours quelque chose à rattraper. Une autre bonne élève qui a écouté Marine raconter son expérience hausse les épaules et dit : « Je m'en sors parce que je suis ici. Ailleurs, je coulerais. »

Ces écarts profonds tiennent à plusieurs facteurs, difficiles à démêler. Serait-ce tout d'abord faute de moyens suffisants alloués à l'école de la France périphérique ? L'inégalité de répartition des moyens sur le territoire français est un sujet vivement débattu entre syndicats et administration de l'Éducation nationale, entre collectivités territoriales et État. Derrière les polémiques de chiffres, la réalité se révèle évidemment complexe.

À l'origine, la politique d'éducation prioritaire a été conçue comme un outil destiné à traiter des situations sociales détériorées, liées à une « conjonction de difficultés dans différents domaines et notamment ceux du travail, des loisirs, de l'habitat ou de la sécurité », mentionnait une circulaire de l'Éducation nationale de 1981[1]. Au fil des années, la politique d'éducation prioritaire s'est rapprochée toujours plus de la politique de la ville, se concentrant ainsi pour une large part sur les zones urbaines sensibles. Les problèmes qui s'y posent appellent, à l'évidence, des solutions. Mais les établissements de la France périphérique n'entrent pas de façon spécifique dans cette politique. Alors qu'ils auraient besoin, eux aussi, de soutiens supplémentaires…

En effet, les écoles primaires et les collèges intégrés dans un REP le sont en fonction de quatre paramètres qui impactent la réussite scolaire : le taux de catégories socioprofessionnelles défavorisées ; le taux d'élèves boursiers ; le taux d'élèves ayant redoublé avant la sixième ; enfin, le taux d'élèves résidant dans une zone urbaine sensible (ZUS). On voit que les établissements de zones rurales partent dans la course avec un handicap : ils sont notés sur trois critères et non sur quatre.

---

1. Circulaire n⁰ 81-238 du 1ᵉʳ juillet 1981 (*Bulletin officiel 27* du 9 septembre 1981).

Depuis 2015, la définition des ZUS a toutefois été élargie. Les ZUS sont devenues quartiers prioritaires de la politique de la ville (QPV). Le changement de méthode a permis d'intégrer des zones plus vastes dans le dispositif, mais l'agrandissement du périmètre des zones urbaines bénéficiant de moyens prioritaires n'a cependant pas supprimé le biais initial. C'est là une vraie source d'inégalité territoriale.

Notons en outre que ce dispositif ne couvre pas l'ensemble des jeunes. Près des trois quarts des 3,2 millions d'élèves issus de milieux défavorisés, en zones urbaines ou rurales, étudient dans des établissements non intégrés à ces réseaux dits « prioritaires », selon les données de l'Éducation nationale. « Les dépenses publiques d'éducation et de formation varient peu en fonction des caractéristiques des territoires », résume une note de France Stratégie[1]. Lorsque variations il y a, elles peuvent apparaître paradoxales. « Dans certaines régions défavorisées comme le Nord-Pas-de-Calais, la dépense par tête dans l'enseignement primaire est même inférieure à la moyenne », précise ainsi la Direction de l'évaluation, de la prospective et de la performance (DEPP)[2].

De plus, les politiques de décentralisation et de déconcentration ne sont pas sans effets pour les établissements scolaires de la France périphérique. Ce mouvement amorcé au début des années 1980 en France répond à un impératif bien compris : la déconcentration et la décentralisation permettent de rapprocher la décision de

---
1. France Stratégie, « Dynamiques et inégalités territoriales », *op. cit.*
2. DEPP, *Géographie de l'école*, n° 12, 2017.

la réalité du terrain pour donner plus d'autonomie aux échelons locaux et tenir compte des spécificités locales. Mais quels que soient les avantages de ce mouvement de décentralisation, il peut aussi avoir des effets pervers. La disparité des choix opérés par les collectivités aura logiquement des conséquences sur l'encadrement, les activités périscolaires, la qualité des équipements et des fournitures ou logiciels utilisés. À titre d'exemple, l'enquête réalisée par Hervé Le Bras et Sandrine Bertaux en 1999 pour le compte de la Caisse nationale d'allocations familiales montre que le taux d'accueil en crèche des enfants de moins de trois ans varie selon les départements de 2 % à 41 %[1]. En ce sens, le « plan mercredi » annoncé par Jean-Michel Blanquer en juin 2018 témoigne d'une prise de conscience. Le dispositif est destiné à proposer un large éventail d'activités périscolaires pour garantir aux familles qualité des activités et professionnalisme des personnels. Il permet une offre élargie, « notamment en milieu rural », précise le ministre. Le retour d'un grand nombre de communes à la semaine de quatre jours d'école pourrait en effet défavoriser les jeunes des territoires isolés.

Pour le second degré, l'hétérogénéité des dotations complémentaires apportées par les collectivités territoriales a été mise en évidence par la Cour des comptes dès 1995 dans un rapport public. Les grandes métropoles drainent des ressources importantes pour le budget de leur région. Les collectivités territoriales

---

1. Hervé Le Bras et Sandrine Bertaux, rapport, « Géographie des modes de garde de la petite enfance, crèches, AFEAMA, APE, AGED », CNAF, mars 1999.

moins bien dotées ne peuvent allouer à l'éducation que des moyens réduits, en l'absence d'une politique nationale de redistribution. « Ces différentes inflexions opérées au sein des politiques éducatives contribuent à une remise en cause de l'un des piliers de l'école républicaine : celui du traitement égalitaire de tous les élèves sur l'ensemble du territoire », déplore le chercheur Sylvain Broccolichi[1].

Il ne s'agit pas de revenir sur le mouvement de décentralisation ou de déconcentration qui favorise une meilleure adaptation du système scolaire aux besoins du terrain. Mais les effets les plus criants dans la répartition des moyens méritent d'être corrigés. L'ampleur du défi et le statu quo adopté pour l'heure apparaissent dans les questions posées en 2016 par France Stratégie[2] : « Faut-il se fixer un objectif d'égalité des chances des individus entre les territoires, sachant que cela implique de fortes réallocations de ressources des territoires favorisés vers les territoires défavorisés ? Par exemple, réallouer les dépenses d'éducation en fonction inverse des performances scolaires locales ? Faut-il au contraire conserver une approche fondée sur une notion d'égalité de service ? Et, dans ce cas, favoriser la mobilité géographique des individus vers les zones favorisées sur le plan de la réussite éducative ? » Autant d'interrogations qui, non tranchées, ne permettent pas de prendre à bras-le-corps la question du futur de millions de jeunes.

---
1. Sylvain Broccolichi, « L'espace des inégalités scolaires. Une analyse des variations sociospatiales d'acquis scolaires dégagée des optiques évaluatives », in *Actes de la recherche en sciences sociales*, n° 180, 2009/5.
2. France Stratégie, « Dynamiques et inégalités territoriales », *op. cit.*

Face aux nombreux éléments qui jouent en défaveur des zones périphériques, rappelons toutefois que le taux d'encadrement est, lui, généralement supérieur dans les établissements de la France rurale. Comment expliquer ce phénomène ? Il tient à la taille de ces établissements. Ces collèges et lycées comptent en effet plus de professeurs par élève et moins d'élèves par classe. La même note de France Stratégie met en évidence plusieurs données pour expliquer les écarts dans l'attribution des moyens et notamment leurs effets sur les zones rurales : « Le collège rural médian hors éducation prioritaire dispose d'un poste supplémentaire pour cent élèves par rapport aux établissements des communes urbaines de même catégorie. » L'effet est mécanique : plus le collège est petit – ce qui est souvent le cas en zone rurale pour garantir aux élèves une distance domicile-collège raisonnable –, plus le nombre d'élèves par classe est bas. Ce qui relève en conséquence le taux d'encadrement. « Un collège de cinq cents à six cents élèves comptera en moyenne 1,5 enseignant de moins pour cent élèves qu'un établissement comparable de cent à deux cents élèves par exemple, explique France Stratégie. C'est un écart de même ampleur que celui qui existe entre un collège de REP+ (réseau d'éducation prioritaire renforcée) et un collège hors éducation prioritaire. »

Comme en banlieue, les enseignants de ces territoires sont cependant confrontés à des publics parfois difficiles qui exigent beaucoup d'expérience de la part des professeurs. Comme dans les banlieues, les établissements des zones rurales les plus défavorisées ne parviennent cependant pas à retenir les professeurs les plus expérimentés. Ce qui a naturellement un impact sur les jeunes et la façon dont ils sont encadrés au long cours.

Clarisse fait ainsi figure d'exception au collège Émile-Mâle de Commentry (Allier). L'établissement était un de ses vœux d'affectation. Elle a grandi dans le département et est ravie de son poste. Ses collègues parlent en revanche de « département poubelle ». De fait, Clarisse évoque le faible niveau des élèves et un environnement familial qui demande aux professeurs de s'adapter sans cesse. À Commentry les collégiens sont calmes, mais l'école, « ça leur passe au-dessus, ils ont trop de problèmes à la maison », raconte-t-elle. Elle précise : « Le niveau est tellement bas qu'on doit souvent repartir de zéro. » Au-delà de la question des moyens, l'univers familial joue en effet un rôle déterminant sur les conditions d'apprentissage et les choix d'orientation. La jeune enseignante de Commentry parle de cette maman d'un élève de cinquième à qui elle a dû expliquer que son fils devait faire ses devoirs avant de jouer trois heures à la console. « Je suis professeure principale. J'essaie de me débrouiller sans les parents, mais parfois il faut bien que je les appelle. Ils sont souvent moins aidants que leurs enfants. »

Il serait illusoire de croire que les aspirations sociales des parents n'ont pas d'effet sur celles de leurs enfants. Plusieurs rapports exposent sans ambiguïté que les territoires à forte mobilité sociale ascendante sont ceux où les taux de diplômés du supérieur sont les plus élevés[1].

---

1. Voir notamment France Stratégie, « La géographie de l'ascension sociale », *op. cit.*

Autrement dit, plus il y a de diplômés dans un département, plus il y aura un mouvement d'ascension sociale. D'un département à l'autre, les taux de diplômés du supérieur varient du simple au double parmi les enfants d'ouvriers et d'employés. Plus qu'à l'environnement économique, les chances de mobilité ascendante sont fortement liées au niveau d'éducation des familles et notamment à l'obtention d'un diplôme du supérieur. Le niveau d'éducation se révèle être la variable la plus liée à la mobilité sociale au niveau local. C'est ce que nous raconte une enseignante du collège de Dompaire, dans les Vosges : « Il faut que je pousse beaucoup mes classes de collégiens où globalement le niveau social des parents est plus faible. C'est habituel pour moi avant un conseil de classe de devoir appeler les parents pour leur conseiller de laisser faire des études à leurs enfants. »

De fait, le réflexe d'investissement et d'endettement pour les études supérieures des enfants ne va pas de soi pour un grand nombre de familles. « Bien souvent, sur nos territoires, les parents sont des freins », insiste le proviseur d'un lycée de la Drôme. « Il faut dire que les études supérieures coûtent cher », complète un personnel du rectorat de Grenoble. On l'a dit, les élèves de ces territoires ont ainsi des aspirations plus homogènes. Dans l'Allier, les filles veulent le plus souvent travailler « dans les animaux » ou « dans les enfants ». Lorsqu'elles souhaitent travailler dans le domaine de la santé, c'est neuf fois sur dix pour être infirmières plutôt que médecins.

Ces inégalités précoces ne résultent pas seulement de la diversité des pratiques éducatives des familles ou du niveau de diplôme des parents. Elles découlent aussi, bien sûr, des différences de revenus : à profession et niveau de diplôme du chef de famille identiques, la probabilité de se trouver en retard scolaire à quinze ans est plus basse de 14,2 % quand le revenu net annuel du ménage est supérieur à 27 000 euros par an[1]. Par comparaison, l'obtention d'un diplôme de l'enseignement supérieur par le chef de famille, à profession et revenu comparables, fait baisser cette même probabilité de 16 %.

Au-delà de la répartition des moyens alloués à l'éducation, la composition sociale des classes joue donc un rôle non négligeable. « Nous savons parfaitement que le regroupement d'élèves défavorisés et souvent faibles accentue sensiblement la faiblesse de ces élèves », affirme le sociologue François Dubet[2]. L'orientation peut en être affectée par ce que les spécialistes de l'éducation appellent l'« effet d'établissement » : à niveau scolaire comparable, un jeune de milieu populaire scolarisé dans un collège à dimension sociale favorisée développe un niveau d'aspiration scolaire plus élevé que s'il était dans un établissement plus populaire. L'inverse est moins vrai : les aspirations des jeunes de milieu aisé sont moins susceptibles d'être affectées à la baisse. Or, dans certains territoires périphériques, le nombre d'élèves issus de la classe moyenne est largement inférieur à celui des élèves de classe populaire.

---

1. Dominique Groux et Éric Maurin, « La persistance du lien entre pauvreté et échec scolaire », in *France, portrait social 2000-2001*, INSEE, 2000.
2. François Dubet, *L'École des chances. Qu'est-ce qu'une école juste ?*, Seuil, coll. « La République des idées », 2004.

L'ensemble de ces éléments contribue à produire un contexte scolaire moins stimulant : la disparité des moyens, le niveau scolaire moyen, les opportunités réduites et un contexte familial parfois peu propice au libre choix plombent l'horizon de ces jeunes.

Les établissements de ces territoires auraient parfois besoin de moyens supplémentaires, mais là n'est peut-être pas le cœur du problème. Les enseignants que nous connaissons sont très engagés aux côtés de leurs élèves. Ils connaissent leurs difficultés. Ils connaissent aussi leur potentiel. Ils auraient souvent besoin de dispositifs additionnels pour les épauler dans l'accompagnement des jeunes périphériques. Pas nécessairement de postes créés, mais d'outils différents pour encourager la mobilité, favoriser la circulation de l'information, ouvrir des perspectives d'orientation nouvelles. Cela est d'autant plus justifié que de puissants mécanismes psychologiques restreignent les choix des jeunes de ces territoires et que l'information utile est lacunaire, voire masquée..

7

Le nerf de la guerre

« J'ai toujours voulu être prof d'anglais. Je suis allée au lycée pour ça. Je sais maintenant que ça aurait été utile que je passe quelques mois à l'étranger, par exemple en Angleterre. Mais quand j'étais au lycée et à la fac, je ne savais pas que c'était possible. Je n'aurais même pas su comment faire. Ce n'était pas qu'une question d'argent. » Clarisse, la jeune professeure d'anglais de Commentry, issue elle aussi d'un collège de zone rurale, livre son parcours en lissant une nappe imaginaire sur la table de sa cuisine. Son petit garçon de deux ans joue à côté d'elle avec un labrador qui prend plaisir à mâcher une bouteille d'eau minérale.

Ce n'était pas idéal pour Clarisse de nous recevoir ce jour-là, mais le dimanche précédent elle était invitée à un mariage et à un anniversaire. Elle a donc laissé Greg, son petit ami, discuter avec ses parents à la fin du repas. Comme Thierry, le père de Clarisse, Greg travaille dans le bâtiment. Les deux hommes s'entendent bien. Ils réfléchissent aux plans de la maison que le jeune couple veut faire construire. Dix mois de travaux, prévoit Thierry, qui leur conseille de mettre des parpaings plutôt que des briques pour l'isolation : solution aussi bonne et moins chère. À Commentry le village est joli, mais une odeur insupportable imprègne les rues, surtout les jours d'humidité et de pluie comme aujourd'hui, nous dit Clarisse, du fait de l'usine voisine qui fabrique des vitamines pour le bétail. Ça sent le chou moisi. Les élèves sont habitués.

« Je vois bien qu'ils ne savent pas du tout ce qu'ils veulent faire et qu'ils n'ont aucune info. Aucune. À part celles que nous, les profs, on pourra leur donner. C'était pareil pour moi à leur âge. J'avais l'impression d'être dans un trou noir quand je pensais au futur. Et puis finalement, j'ai eu beaucoup de chance, contrairement à plein de mes amis de l'époque. J'ai eu une espèce de révélation. » En cinquième, Clarisse s'est prise d'admiration pour Mme Ramis, une prof d'anglais rousse qui portait des leggings vert pomme et des tee-shirts roses très moulants. Une femme enjouée, charismatique. C'est durant ses cours que Clarisse a décidé de devenir professeure. Après le lycée Banville en internat, cinq années à l'université, puis la préparation du certificat d'aptitude au professorat de l'enseignement du second degré (CAPES) pour devenir professeure d'anglais. Clarisse a financé ses études presque toute seule. Elle a travaillé comme caissière durant toutes les vacances, au supermarché Attac de son village, puis au Leclerc de Clermont-Ferrand.

Clarisse aime son métier. « Je veux notamment essayer de donner des infos à mes élèves pour leur avenir. Après, le problème, c'est que ces informations je ne les ai pas moi-même la plupart du temps. » La jeune femme revient sur son complexe : ne jamais avoir étudié dans un pays anglophone. « Même pour parler aux élèves des aspects culturels, des trucs tout bêtes comme les marques de céréales qu'on trouve en Angleterre... je sais que je suis désavantagée. Sans parler de l'accent. Je ne peux pas m'en vouloir : je vous jure que je ne savais pas qu'il était possible de partir si loin. »

En matière d'orientation, l'information est bien sûr le nerf de la guerre. On a vu le poids que peut représenter l'autocensure chez les jeunes des territoires périphériques. Pour que cette autocensure puisse être vaincue, il est indispensable que l'information leur parvienne. Et surtout leur parvienne à temps. Avant même d'être en mesure d'envisager telle ou telle formation en adéquation avec leurs goûts, les jeunes doivent savoir qu'elles existent. Dans les zones rurales et les villes petites et moyennes, cette information est moins accessible que dans les grandes aires urbaines, ce qui réduit d'autant le champ des possibles des collégiens et lycéens. Comment se préparer à ce qui n'existe pas ?

Comment accéder à telle formation ? Ai-je le droit de faire ce parcours avec mon bac pro ? Combien ça coûte ? Pour que ces questions soient formulées, il y a un préalable : l'information doit parvenir aux jeunes des territoires. Celle-ci est souvent lacunaire, notamment pour les filières dites « d'excellence ». « Je pensais que Sciences Po c'était une école de sciences », se rappelle un lycéen des Pyrénées-Orientales, pourtant premier de sa classe. « Je ne savais pas qu'il existait des doubles licences, déplore une de ses camarades. Si j'avais su, je n'aurais pas du tout fait le même choix ! » Ce manque d'information participe de ce réflexe d'autocensure que les chefs d'établissement remarquent et s'efforcent de combattre. « Quand je suis arrivé comme proviseur au lycée de Saint-Pourçain il y a quatre ans et que je parlais de classes prépas à mes élèves de terminale, ils me regardaient comme si j'étais fou. Souvent ils ne savaient pas ce que c'était. Une fois que je le leur expliquais, ils pensaient ne pas en être capables. L'info venait trop tard ! » explique l'ancien proviseur du lycée Blaise-de-Vigenère à Saint-Pourçain-sur-Sioule.

Le rôle des conseillers d'orientation, nouvellement appelés « psys-EN » (psychologues de l'Éducation nationale), devrait être central dans ces situations où le déficit d'information est majeur. Aujourd'hui, il existe environ trois mille six cents psys-EN, soit un pour mille cinq cents collégiens et lycéens, contre un pour huit cents en moyenne en Europe et un pour quatre cents dans certains pays d'Europe du Nord. « Nous sommes répartis sur deux ou trois établissements chacun. Bien sûr qu'on pourrait être plus présents auprès des élèves si on était plus nombreux », déclarait Corinne Tissier, représentante du syndicat SNES-FSU au *Monde*[1]. Pour cette représentante syndicale, le manque de moyens rend très difficile un suivi individuel pour tous.

La nouvelle dénomination de « psychologues de l'Éducation nationale » définit la diversité des missions confiées aujourd'hui à ces professionnels. Psys plus que conseillers ? Ils doivent en tout cas faire face à des sujets aussi divers que l'inclusion des élèves handicapés, la prévention des phénomènes de violence, le

---

1. « Orientation : la mission impossible des psychologues de l'Éducation nationale », *Le Monde*, 1er mars 2018.

décrochage scolaire, les situations familiales complexes... et, finalement, l'orientation. On imagine à quel point cette mission, pourtant fondamentale, peut devenir difficile à remplir face à des urgences sociales et psychologiques. « Il faut faire des choix, reconnaît une psy-EN de l'académie de Lille. Je me débrouille pour ne recevoir que les élèves qui n'y arrivent pas tout seuls, ceux qui sont totalement paniqués dans les choix d'orientation qu'ils ont à faire. » On comprend et on peut admettre la logique. Mais qu'en est-il de la majorité des autres ? De tous les jeunes, ni excellents élèves ni en décrochage, qui, bien informés, suffisamment stimulés, pourraient se réaliser pleinement ? Qu'en est-il des bons profils dont les talents ne demandent qu'à éclore ? Qu'en est-il de ces collégiens moyens qui ont besoin d'être constamment encouragés à réfléchir à leur avenir pour construire progressivement leur projet ?

En 2018, le ministère de l'Éducation nationale semble par ailleurs vouloir libérer ces professionnels de leur mission d'information sur les filières. L'objectif ? Leur permettre d'être surtout conseillers en orientation. On comprend là aussi le raisonnement : désormais « tout est en ligne », donc tout le monde peut accéder aux informations. Cette approche mésestime le fait que, dans les zones rurales et les petites villes, l'information reste lacunaire, faute, notamment, d'étudiants ou de professionnels pour l'incarner. C'est sans compter aussi sur la dimension anxiogène d'Internet, comme on le verra au chapitre suivant.

Il existe dans toute la France, au travers des centres d'information et d'orientation (CIO) et des services communs universitaires d'information et d'orientation (SCUIO), des lieux pour récolter de la documentation et rencontrer des spécialistes de l'orientation. Mais, à l'évidence, la dispersion des collèges et lycées de la France périphérique ne permet pas d'implanter des CIO partout. Dans l'académie de Clermont-Ferrand par exemple, il en existe seulement douze pour l'ensemble des établissements scolaires de l'académie. Pour les lycéens de Moulins, il faut une heure environ pour se rendre au CIO le plus proche, à Riom ou Montluçon.

En outre, l'information prioritaire n'est pas toujours la même en fonction des spécificités des territoires. Pour les filleuls de Chemins d'avenirs des territoires les plus ruraux ou enclavés, l'urgence est de répondre à des questions telles que : Pourquoi peut-il être utile de choisir une filière générale et technologique plutôt que d'aller dans une filière professionnelle ? Pourquoi certaines filières comme un BEP mode sont-elles moins profitables en termes d'insertion professionnelle ? Comment envisager de changer d'établissement pour trouver des options plus adaptées à son profil ? Comment faire pour persévérer et suivre la formation de son choix lorsqu'il n'y a plus de places à l'internat ?

Comme Clarisse, les professeurs eux-mêmes estiment parfois ne pas détenir les bonnes informations. Voire s'en tenir à un raisonnement distordu par rapport au réel. « Un gamin qui veut devenir journaliste, je lui dis : "C'est un métier qui n'existe plus." Je ne vais pas le pousser dans cette voie alors qu'elle est bouchée et qu'il vient de Riom. Et puis si c'est pour devenir pigiste à *La Montagne*... » Ainsi parle le professeur d'histoire d'un lycée du Puy-de-Dôme. On comprend en partie son raisonnement, sans pouvoir adhérer à ce discours qui décourage, dès l'âge de dix-sept ans, un jeune homme passionné. Cette approche laisse de facto certaines professions de côté au profit de ceux qui entendront, de leurs professeurs, parents ou conseillers, un discours plus opérationnel et mobilisateur. Un discours qui livrera des informations précises, permettant au jeune et à sa famille de faire un choix éclairé. Ce discours pourrait être : « C'est une voie difficile, très compétitive. Pour y arriver, il existe plusieurs chemins avec, en particulier, trois grandes écoles de référence : l'ESJ (École supérieure de journalisme) à Lille, le CELSA (École des hautes études en sciences de l'information et de la communication) et l'école de journalisme de Sciences Po. Pour y accéder, il te faut un bac + 3. Réfléchis bien à ce que tu peux faire pendant ces trois années en fonction de tes aspirations. De l'économie ? De la littérature ? De l'histoire ? Un double diplôme avec un institut d'études politiques ? En tout cas, fais des stages, exerce ta plume et ton rapport aux médias, renforce tes notes en français et en histoire. Et puis lis la presse ! Crée ton propre blog ! Lance-toi, pour que ton profil soit le plus solide possible au moment des concours et surtout pour être bien certain que c'est ta voie. » Il s'agit dans les deux cas de bien rappeler au jeune la difficulté d'une profession saturée, pour qu'il s'engage dans cette voie en étant conscient du défi à surmonter. Mais, alors que dans le premier cas le professeur coupe les ailes de l'enfant, dans le second il lui donne des outils opérationnels pour commencer à quitter le nid.

Ces biais, bien entendu, ne relèvent pas uniquement de distorsions territoriales. Tous les professeurs des grandes métropoles ne sont pas bons conseillers. Et il existe quantité de professeurs formidables qui prennent à cœur les questions d'orientation dans leurs établissements de la France périphérique. Il n'en demeure pas moins que les grandes métropoles offrent une proximité incomparable avec la diversité des formations et filières professionnelles. Cette palette de possibilités pour les habitants des grandes villes est, en soi, un avantage déterminant.

Ce qui est en outre décisif, c'est la possibilité pour les jeunes des grandes métropoles d'accéder à une information vivante et personnifiée. Si l'information a vocation à être complète, elle doit aussi être incarnée. Ce qui manque aux jeunes de la France périphérique, c'est souvent le retour d'expérience. « Les jeunes qui réussissent s'en vont et ne reviennent pas. Parfois on a un jeune qui vient témoigner, dire aux élèves de terminale : "Voilà ce que j'ai fait, ce n'est finalement pas très compliqué, vous allez voir." Immédiatement, ça change tout », remarque un professeur en Ardèche. Le chef d'établissement d'un collège rural explique : « Avec le proviseur d'un lycée voisin, on a mis en place un système très simple. Une fois par an, des anciens élèves de troisième viennent témoigner auprès de camarades de leur ancien collège sur la réalité du lycée et notamment de l'internat. En deux heures d'échanges, on débloque plus de situations qu'en un an d'efforts du corps pédagogique. »

L'information doit non seulement porter sur les formations mais aussi traiter tout ce qui peut permettre à un jeune de construire son avenir dans de bonnes conditions. Et notamment permettre d'anticiper les desirata des employeurs et recruteurs. C'est vrai pour réussir un entretien d'embauche. C'est vrai aussi pour certains concours. « En prépa, mes élèves viennent de toute la France, constate Gabrielle, qui prépare des jeunes aux épreuves des écoles de commerce. Les provinciaux ont souvent le même niveau scolaire que les Parisiens. Ils ont en revanche, c'est vrai, une culture différente. Surtout, ils débarquent complètement pour ce qui est attendu d'eux dans leur lettre de motivation et à l'oral. La différence majeure entre les jeunes des grandes métropoles et ceux des petites villes, c'est la richesse de leur CV à dix-huit ans. Souvent, c'est juste que les uns savent quand les autres ne savent pas. » Gabrielle explique patiemment à ses élèves les codes de l'oral à venir. « On devait faire des stages ? » demandent deux jeunes admissibles au premier rang, paniqués lorsqu'ils voient que leurs voisins de classe ont déjà deux ou trois expériences professionnelles à leur actif et un engagement associatif. « La réalité, c'est que ces éléments sont déterminants pour des concours comme HEC », confirme Gabrielle.

L'inégalité des chances tient aussi aux compétences des parents qui savent plus ou moins bien se repérer dans le dédale de l'offre scolaire et utiliser celle-ci. De nombreux parents ignorent tout de la réalité des études supérieures. « Mon père ne veut pas que j'aille à l'université. Il dit que c'est trop cher », avoue une élève de première à Riom, dans le Puy-de-Dôme. Lorsqu'on lui parle des possibilités de bourses, elle ouvre de grands yeux. De fait, le système scolaire est un système complexe, dont il faut connaître les codes et les mots de passe si l'on souhaite l'utiliser et s'y orienter efficacement. « Si l'école n'est pas un véritable marché [...], il n'empêche qu'elle fonctionne aussi comme un marché », remarque le sociologue François Dubet[1]. Les formations ont des valeurs et des utilités différentes sur ce marché de l'éducation. Pour se repérer, il importe de savoir ce que « valent » et « rapportent » les différentes filières. Il faut donc connaître les conditions de réussite. Identifier les possibilités d'échec. Est-ce une approche consumériste ? C'est en tout cas ce que font les familles éclairées lorsqu'elles envisagent l'avenir de leurs enfants et la question de leur orientation. Comment le leur reprocher, en particulier dans un contexte de compétition accrue ?

De ce point de vue, l'information sur les objectifs de l'école et les enjeux de l'orientation n'est pas la même dans les grandes métropoles que dans les petites villes et a fortiori dans les campagnes. Cela tient en grande partie aux inégalités de capital culturel et social. Les inégalités socio-économiques jouent aussi un rôle majeur. Mais le lieu de résidence a également un impact non négligeable sur l'accès à l'information. Les familles des grandes métropoles disposent de réseaux plus immédiats et plus variés. L'entourage familial et professionnel d'une élève de troisième à Lille ou encore les parents d'élèves d'un grand lycée de Nantes auront la possibilité de mobiliser des connaissances multiples et complexes. S'ils font l'effort de chercher l'information,

---

1. François Dubet, *L'École des chances*, op. cit.

ils seront en mesure d'apporter un éclairage plus précis et nuancé qu'une famille de la France périphérique. Pour Dominique, notaire à Limoux, repérer la bonne formation pour sa fille qui souhaite intégrer la meilleure école de design n'a pas été aussi simple que pour un ami et confrère, notaire à Lyon. Ce dernier possède parmi ses clients le directeur technique d'une usine d'ameublement qui travaille avec des designers et le directeur de l'École des mines de la ville. En matière d'information, les inégalités territoriales peuvent jouer sans distinction de classe sociale.

Ces difficultés d'accès à l'information des jeunes de la France périphérique et de leurs familles ne sont que très partiellement comblées par Internet. Le numérique ne peut réduire d'un coup toutes les fractures territoriales. Car la fracture digitale, on va le voir, ne procède pas seulement du manque d'accès au réseau.

8

S'il suffisait de surfer

« De toute façon, ces jeunes ont accès à Internet, non ? En 2018, n'importe qui peut trouver sa voie sur son ordinateur portable ! » Cette remarque d'un parent d'élève du lycée Fénelon dans le 6e arrondissement parisien, à l'occasion d'un événement de Chemins d'avenirs, est compréhensible et attendue. Elle est surtout très entendue. En effet, qui n'a jamais pensé qu'il suffisait désormais de se connecter pour avoir accès au monde entier ?

Ce n'est pourtant pas si simple. Le pouvoir égalisateur des chances d'« Internet pour tous » relève en partie du fantasme. La réflexion de ce parent traduit une méconnaissance de l'état des réseaux et surtout des usages numériques au sein de la jeunesse française. Croire en des vertus technologiques qui, seules, auraient le pouvoir d'abolir les distances et d'égaliser les connaissances incite à ne pas regarder la vérité en face. Et permet de minimiser les effets de l'autocensure, des croyances limitantes et du sentiment de relégation des jeunes des territoires isolés.

Et pourtant. Pour communiquer avec son parrain Chemins d'avenirs, Thomas, en classe de troisième, s'est rendu au centre de documentation et d'information de son collège afin de créer sa première adresse mail. Il a demandé l'aide de son professeur d'histoire et s'est inscrit sur Hotmail depuis son établissement : le hameau où il vit avec ses parents n'est pas encore raccordé à Internet. Ce sera à l'avenir une difficulté pour les échanges par Skype avec son parrain. Les conversations se feront le plus souvent par téléphone. Sur la ligne fixe. Thomas a bien un téléphone portable, mais chez lui la couverture est mauvaise. L'adolescent préfère en sourire : « Il faut sortir et courir sur le talus près de la barrière du jardin pour attraper les appels. C'est pas très pratique, mais on s'y fait. »

Le numérique s'impose progressivement comme un enjeu clé en matière d'égalité des chances. Rares sont les fondations d'entreprise qui ne partagent pas ce constat et ne l'inscrivent pas dans leurs objectifs. Ainsi de la fondation Orange qui soutient aussi bien un programme d'éducation au numérique destiné aux jeunes en situation de vulnérabilité en Espagne que l'ouverture de maisons digitales en Roumanie ou encore un concours d'écriture en ligne dans quarante-cinq écoles de quatre pays d'Afrique. En France, les inégalités numériques se réduisent de façon progressive. C'est vrai pour les équipements. Dans son étude annuelle *Baromètre du numérique* réalisée pour le compte du Conseil général de l'économie (CGE), de l'Autorité de régulation des communications électroniques et des postes (ARCEP) et de l'Agence du numérique, le

Centre de recherche pour l'étude et l'observation des conditions de vie (CREDOC) indique notamment que le taux d'équipement des Français progresse[1] : en 2016, 85 % des foyers étaient connectés à Internet et 65 % des Français de plus de douze ans avaient un smartphone.

Pour Gaëlle comme pour beaucoup de filleuls de Chemins d'avenirs, un seul ordinateur est à la disposition de la famille. Le PC est situé en bas des escaliers, installé sur une petite table. La sœur de Gaëlle, encore en primaire, ne l'utilise pas. Gaëlle estime l'utiliser environ trois heures par semaine pour l'ENT (espace numérique de travail) de son établissement et pour la musique. Ses parents lui ont aussi acheté une tablette. Gaëlle s'en sert pour jouer. Elle a un téléphone portable, mais ses parents ne lui paient plus de forfait pour limiter les dépassements. C'est radical ! Gaëlle le garde quand même dans son sac de cours pour jouer dans le bus.

Même si les progrès sont perceptibles en matière de couverture numérique, la non-connexion concerne toujours 15 % de la population. Selon un arrêté ministériel mis à jour le 15 janvier 2018, cinq cent quarante et une communes de France demeurent ainsi officiellement situées en zone blanche. Dans ces villages enclavés, impossible d'appeler ou de recevoir un SMS. Encore moins de naviguer sur Internet. Ces communes demeurent exclues du monde connecté. Notamment dans les régions Grand-Est, Occitanie, Nouvelle-Aquitaine, Auvergne-Rhône-Alpes, Pays de la Loire et Bourgogne-Franche-Comté. « Y a pas Internet et puis c'est tout », déplore Marine, fataliste. La lycéenne vit chez ses parents à

---

1. CREDOC, *Baromètre du numérique 2017*.

Cérilly, une commune de deux cent quarante habitants en Côte-d'Or. « On n'est pas les seuls, ajoute-t-elle pour relativiser. C'est toujours un peu agaçant quand mon prof de français nous dit de chercher la vie d'un auteur sur Internet. Je lui réponds toujours : "Mais moi j'ai PAS Internet !" »

En matière de haut débit, la France accuse aussi un retard important. Si plus de 90 % du territoire dispose d'un réseau suffisant pour émettre appels et SMS, il en va autrement de la connexion à l'Internet mobile (2G, 3G, 4G). À la fin de l'année 2017, seul 65 % du territoire était couvert par Orange dans ce domaine, 61 % par Bouygues, 65 % par SFR et 48 % par Free. L'Hexagone numérique montre notamment que c'est en Bourgogne-Franche-Comté que l'accès au très haut débit atteint son seuil limite : un tiers seulement des logements y étaient connectés en 2016. Selon la Commission européenne, la France se place ainsi à la vingt-quatrième place sur vingt-huit au classement européen de la couverture 4G.

Gaëlle en rigole encore. Pour leur premier échange, sa marraine voulait échanger avec elle via FaceTime. La conversation s'est transformée en séance de morse : « Ça faisait des images figées qui sautaient, on avait des têtes de débiles. On s'est bien marrées. »

Les jeunes sans accès à Internet ou à la communication téléphonique apparaissent aujourd'hui d'autant plus marginalisés que l'accès de la population française au réseau s'est élargi. Une inégalité de plus entre ceux qui peuvent s'adapter et ceux qui demeurent à l'écart de la société numérique. Car la fracture numérique est en effet bien plus qu'une fracture technique. Elle devient vite fracture économique, sociale et culturelle.

Les difficultés de connexion devraient s'estomper dans les prochaines années. La disparition des zones blanches est en effet programmée. En juillet 2017, lors de la Conférence nationale des territoires, le président de la République a ainsi fixé des objectifs ambitieux : garantir l'accès de tous les citoyens à un débit de qualité (supérieur à huit mégabits-seconde) ; doter l'ensemble des territoires de la République de réseaux très haut débit (supérieur à trente mégabits-seconde) d'ici 2022 ; et généraliser une couverture mobile de qualité dès 2020. Un point évidemment très positif.

Mais avoir un accès à Internet ne résout pas tout. Si la France périphérique est aussi la France des classes populaires, cette partie du pays voit les fractures numériques se cumuler dans le temps et perdurer. Concernant les équipements, France Stratégie depuis 2013 affine son diagnostic au travers de critères sociaux. Lorsque les foyers les plus pauvres doivent arbitrer entre ordinateurs et smartphones, leur choix se porte sur ces derniers. De même, l'équipement en numérique augmente avec le salaire et la catégorie professionnelle. Enfin, le niveau de diplôme du foyer détermine son niveau d'équipement. Et les 16-25 ans qui ne disposent pas d'Internet à leur domicile (16 % en 2011) subiront ce « fossé numérique » tout au long de leur vie s'il n'est pas pris en charge rapidement, conclut France Stratégie. Surtout, au-delà des questions d'infrastructures, ce sont les différences d'usage du numérique qui demeurent très discriminantes pour les jeunes et doivent être prises en compte, affirme une nouvelle étude publiée à l'été 2016[1]. Il ne suffit pas d'être connecté pour utiliser à plein le numérique. Si celui-ci peut faciliter l'orientation et l'insertion professionnelle, encore faut-il avoir développé des réflexes pour savoir l'utiliser au mieux.

Depuis plusieurs années, l'Éducation nationale s'est emparée de ce sujet. Dans les établissements, le numérique a pour vocation de favoriser l'efficacité des apprentissages : interactivité, collaboration, créativité et engagement personnel des élèves sont au centre de leurs recherches sur Internet. C'est ce que met en avant le plan numérique pour l'éducation, en place depuis la rentrée 2016. Ce plan doit permettre aux élèves et aux enseignants de tirer pleinement parti des opportunités offertes par le numérique. Aller sur Internet sans accompagnement préalable est inefficace, même si l'on s'y rend régulièrement. Cette différence entre fréquence de l'usage et effets sur les apprentissages est mise en évidence par différentes études de l'Organisation de coopération et de développement économiques (OCDE), notamment une enquête de 2006 : Program for International Student Assessment (PISA)[2]. Une étude datant de 2015, toujours menée par l'OCDE dans le cadre du PISA, démontre également que l'accès à Internet et son utilisation ne sont pas, en eux-mêmes, des facteurs de meilleure réussite[3]. Sans outil ni méthode, l'accès à Internet ne change rien aux résultats scolaires. C'est au fond une évidence. Il faut savoir bien lire, avoir une

---

1. France Stratégie, « Dynamiques et inégalités territoriales », *op. cit.*
2. OCDE, *PISA. Technical Report 2006.*
3. OCDE, *PISA. Connectés pour apprendre ? Les élèves et les nouvelles technologies*, 2015.

forme de culture générale pour s'orienter au mieux à travers les méandres digitaux.

De ce point de vue, les performances des élèves français sont légèrement supérieures à la moyenne en matière de compréhension de l'écrit électronique. Mais des différences profondes persistent entre les élèves, découlant du niveau social des familles. Les difficultés de compréhension ou d'orientation dans un texte sur Internet sont en fait équivalentes à celles mesurées face à un texte traditionnel : « Alors que les élèves défavorisés ont accès à un riche corpus de savoirs et de ressources grâce aux nouvelles technologies, la capacité à tirer pleinement profit de ces opportunités reste limitée pour ceux qui ont des lacunes importantes en compréhension de l'écrit », résume le rapport PISA[1]. Plus précisément encore : l'usage d'Internet pour favoriser l'orientation des jeunes ne va pas de soi. « Si je dis à un de mes élèves intéressés par les sciences : "Tu n'as qu'à chercher sur le Net", il y a de grands risques qu'il se perde dans l'immensité de la Toile et se décourage au bout d'une heure, estime un professeur de l'académie de Grenoble. Internet, c'est bien quand on sait déjà un peu et qu'on veut approfondir. Le gosse qui n'a pas l'habitude, qu'est-ce qu'il va écrire sur le moteur de recherche ? "Métiers sciences" ? C'est quand même bien difficile... Et pire, c'est anxiogène pour eux. »

Ce constat est partagé par l'Institut national de la jeunesse et de l'éducation populaire (INJEP)[2] : « Ce n'est

---

1. OCDE, *PISA. Connectés pour apprendre ?*, *op. cit.*
2. INJEP, « Information des jeunes », *Les Fiches repères*, novembre 2012.

pas parce qu'ils les utilisent au quotidien que les jeunes maîtrisent les outils Internet dans leurs recherches d'informations. Comme le constatent souvent les professionnels, des jeunes qui ont des usages répétitifs et relativement limités d'Internet sont perdus lorsqu'il s'agit de faire une recherche. Ils impriment la première information trouvée sur Google. » Et les auteurs Périne Brotcorne et Gérard Valenduc de conclure, dans une étude sur les compétences numériques et les inégalités dans les usages d'Internet[1] : « L'accès aux TIC (technologie de l'information et de la communication) ne conditionne pas automatiquement leur usage effectif et encore moins leur usage autonome et efficace. »

Bien souvent, les enseignants ont conscience de cette réalité. Delphine, professeure de sciences de la vie et de la Terre dans un établissement du Puy-de-Dôme, en témoigne : « Franchement, au départ, c'est compliqué d'utiliser Internet pour les cours au collège. Il y a plein de ressources, mais il faut vraiment guider les élèves. En fait il faut faire une présélection comme on le fait avec un manuel classique. Lorsqu'on aborde les questions d'orientation, c'est pareil. Il faut guider les jeunes. Sans penser que, parce que tout est disponible, ça va être simple pour eux. Sinon on va encore creuser un fossé entre les jeunes aidés par leurs parents et les autres. »

Si on perçoit bien tout le potentiel d'Internet, on voit aussi le chemin à parcourir pour des collégiens, lycéens

---

1. Périne Brotcorne et Gérard Valenduc, « Les compétences numériques et les inégalités dans les usages d'Internet. Comment réduire ces inégalités ? », *Les Cahiers du numérique*, 2009.

ou étudiants souvent perdus lorsqu'il s'agit d'effectuer une recherche précise concernant leur avenir. Une étude d'Emmaüs Connect de 2015 va même jusqu'à contester l'idée qu'un jeune puisse avoir un usage facilité par Internet pour l'ensemble de ses besoins[1] : « Souvent qualifiés de *digital natives*, les jeunes de moins de vingt-cinq ans ont été largement dépeints dans les médias comme naturellement enclins à utiliser et maîtriser ces outils technologiques. De nombreuses publications scientifiques, notamment anglo-saxonnes, ont remis en cause le concept de natifs numériques. Les personnes nées à partir des années 1990 n'ont pas des usages et des habilités numériques homogènes […] les connaissances et les compétences numériques acquises dans le domaine récréatif ne sont pas transférées dans d'autres domaines (scolaire, professionnel). »

Non seulement Internet n'implique pas qu'un jeune puisse automatiquement s'y orienter avec aisance, mais l'usage du numérique en zone périphérique accentue ces résistances. Car dans bon nombre de territoires isolés cet usage est moins quotidien que dans les grandes métropoles. Là où un étudiant parisien utilise une application pour localiser son bus, chercher son itinéraire, trouver sa séance de cinéma et éventuellement réserver une table dans un restaurant, Julien, le jeune surveillant à côté de Neufchâteau, n'a pas le même usage d'Internet. Sans tomber dans la caricature, il est probable que Julien n'ait besoin ni de réserver une table ni de

---

1. Yves-Marie Davenel, « Les pratiques numériques des jeunes en insertion socioprofessionnelle. Étude de cas : les usagers des missions locales face aux technologies de l'information et de la communication », *Les Études. Connexions solidaires*, mai 2015.

trouver un itinéraire déjà connu. Il est probable que ce jeune homme connaisse par cœur les horaires de passage du bus. Et tout aussi probable que les horaires des séances de cinéma soient pour lui immuables.

Le moindre accès aux nouvelles technologies et l'usage moins intensif d'Internet et des applications mobiles induisent ainsi une double fracture digitale. Celle-ci réduit les possibilités d'accès à l'information et limite les champs de l'orientation et de la mobilité. Cette double fracture est un obstacle supplémentaire, qui se retrouve fréquemment sur la route des jeunes de la France périphérique. Croire que l'accès au numérique va résoudre les difficultés de ces jeunes, c'est méconnaître l'ampleur des défis qu'ils ont à affronter. Affirmer qu'il suffit de cliquer sur un lien pour choisir son avenir, c'est oublier l'autocensure, le manque de mobilité réelle, les difficultés à se projeter.

Être connecté à Internet et savoir s'en servir est devenu un impératif. Développer l'usage des outils numériques au profit des jeunes de la France périphérique est indispensable. Mais il ne s'agit que d'un moyen parmi d'autres. Un moyen sans effet, si les causes profondes de l'inégalité des chances ne sont pas traitées.

9
La République en danger

Il serait plus simple de ne rien faire. Plus simple de ne pas s'attarder sur ces millions de jeunes. Plus simple de laisser filer son regard quand on croise leur quotidien. Après tout, qui dans sa jeunesse n'a pas connu de difficultés d'orientation ? Tous les jeunes ne doivent-ils pas un jour ou l'autre affronter la difficile question de leur avenir pour concevoir leurs projets personnels et professionnels ? « C'est rude d'avoir quinze ans ou dix-sept ans, sourit Christelle, marraine de Chemins d'avenirs, jeune libraire dynamique qui vient de reprendre une librairie à Périgueux avec son compagnon. La plupart des gens seraient prêts à payer pour ne pas revivre ces âges-là ! »

Plus encore : être né à Séoul, à Sedan, Salem ou São Paulo aura un impact sur votre vie, sur vos choix. Le destin des jeunes, dans chacune de ces villes, sera parfois radicalement différent. À l'intérieur même d'une nation, pourquoi chercher à égaliser ce qui ne peut être que divers ? Pourquoi s'attacher à lutter contre ce qui n'est peut-être qu'une conséquence naturelle, un produit de l'histoire de notre pays ? Ne serait-il pas plus sage d'accepter que des territoires différents offrent à leurs enfants des perspectives différentes ? Peut-être, mais pas dans une nation attachée à ce point à l'égalité des chances ! Pas quand les obstacles auxquels se heurtent les jeunes de la France périphérique les placent dans une situation précaire. Pas quand c'est la cohésion nationale de notre pays qui est en jeu.

Cohésion nationale : cette expression est un totem politique. N'est-elle que cela ? S'il y a urgence à agir, c'est bien parce que l'inaction mine la cohésion de notre société. Agir pour les 60 % de jeunes de la France périphérique, c'est en effet avant tout chercher à éviter que la cohésion nationale ne se délite. C'est espérer souder les Français entre eux. C'est vouloir consolider notre système éducatif et, plus largement, le fonctionnement de notre société. S'attacher à améliorer l'insertion des jeunes, accompagner leur développement personnel ou encourager leur engagement dans la société, c'est poser les bases d'une société plus solidaire.

On peut vivre avec des inégalités territoriales. La preuve : nous le faisons tous les jours. On peut vivre au sein d'une jeunesse invisible. Sans que sa situation provoque de profond mouvement d'indignation. C'est d'ailleurs une des raisons qui expliquent le silence concernant ces jeunes Français.

Contrairement à la situation de certains quartiers urbains sensibles, les territoires périphériques ne connaissent pas de graves problèmes d'insécurité. On n'y dénombre ni émeutes, ni zones de non-droit, ni camps retranchés interdits à la police. Dans les années 1990, le cinéma français s'était emparé du sujet des banlieues pour lancer des cris d'alerte : *Ma 6-T va crack-er* de Jean-François Richet ou *La Haine* de Mathieu Kassovitz en furent des exemples criants. Connaît-on l'équivalent de ces grandes fictions pour la France périphérique ? Il existe bien des documentaires, quelques longs-métrages, reportages télévisés ou livres qui donnent à voir la réalité de cette France. Mais ils ne sont jamais le récit d'une explosion. Plutôt la chronique d'une lente corrosion. Et puis ils ne parlent que rarement de la jeunesse. Marie-Laure s'amuse de l'idée d'un film ou d'une série télé autour du quotidien de ces jeunes. « Personnellement, j'irais jamais voir votre film ! rit cette charmante aide-soignante d'une quarantaine d'années qui travaille depuis toujours au centre hospitalier d'Yzeure, dans l'Allier. Va falloir que le spectateur s'accroche ! Bonjour l'ennui... »

Bonjour l'ennui. Bonjour la vie de millions de jeunes Français. Bonjour l'aggravation des inégalités des chances pour ces jeunes. Et leurs effets délétères sur les individus, sur la société. Laisser ce problème prendre racine ne peut être que dangereux et mortifère. Le danger provient d'abord des dispositifs d'égalité des chances.

L'attachement originel de la République à l'égalité des chances est pourtant inscrit dans notre Constitution. La Déclaration des droits de l'homme et du citoyen de 1789 le dit bien : « La loi est l'expression de la volonté générale. Tous les citoyens ont droit de concourir personnellement, ou par leurs représentants, à sa formation. Elle doit être la même pour tous, soit qu'elle protège, soit qu'elle punisse. Tous les citoyens étant égaux à ses yeux sont également admissibles à toutes dignités, places et emplois publics, selon leur capacité, et sans autre distinction que celle de leurs vertus et de leurs talents. » La formule des constituants est limpide : l'égalité des chances repose sur l'égale dignité de tous les citoyens. C'est l'égalité des chances qui rend acceptables les inégalités de vertus et de talents. Elle s'incarne dans un processus juste d'écriture et d'adoption de la loi. Et c'est ce processus qui permet d'assurer aux individus, libres et égaux en droit, la possibilité de postuler à toutes les positions sociales disponibles.

Pour Gaëlle, notre collégienne auvergnate, ce principe n'est pas un principe creux ou dépassé. Son actualité est grande. Quand on interroge la jeune fille sur ce que veut dire pour elle l'égalité des chances, elle répond, après quelques hésitations : « Ça veut dire qu'on ne vaut pas moins que les autres. Ça veut dire qu'on peut réussir sa vie si on travaille bien. »

C'est d'abord à l'école que cette idée trouve à s'incarner. L'école est le premier lieu au sein duquel les sociétés cherchent à ancrer l'égalité des chances. Et son principe est en plein cœur des attentes projetées sur l'école française. C'est vrai pour les enfants et leurs parents. Ce n'est pas moins vrai pour le personnel enseignant. Interrogé par l'association Chemins d'avenirs sur son quotidien et ses motivations, Éric, professeur de français près de Grenoble depuis quinze ans, livre sa conviction d'un bloc : « Évidemment on ne fait pas ce métier pour l'argent. On le fait pour les gamins. Mais on le fait, je le fais, parce qu'on est certain que l'école peut faire la différence. Elle peut contribuer à égaliser les chances de ces jeunes qui souvent partent avec des boulets aux pieds. Franchement, si on n'y croit pas, autant arrêter tout de suite et faire autre chose. »

La capacité de l'école à surmonter les inégalités sociales, les inégalités de revenus ou de patrimoine des élèves et des familles, détermine la légitimité de notre système scolaire. S'il ne peut pallier les manques des jeunes de la France périphérique, c'est une part de sa légitimité qui est fragilisée. Or, le tableau en la matière est, reconnaissons-le, assez sombre.

Naturellement, la compétition et la sélection qu'organise l'école entre les élèves ne peuvent totalement s'abstraire des inégalités sociales ou territoriales. Sauf à sombrer dans de folles utopies, il y aura toujours une part d'inégalité entre les élèves. On ne peut arracher aux familles les enfants à la naissance pour les mettre dans des institutions publiques, sans contact avec leur foyer ! Les inégalités de revenus et de patrimoine économique pèsent lourd. Les différences de capital humain aussi. Le comportement des familles pèse également d'un poids majeur. « Certains parents ont des stratégies éducatives qui vont très loin, constate notre professeur de mathématiques du collège de Bourbon-l'Archambault. Entre celui qui pousse, calcule, anticipe, donne des cours particuliers, fait changer son gamin d'établissement, et celui qui met juste son enfant dans le bus le matin, c'est sûr que ça ne donne pas les mêmes projets. Ni les mêmes résultats. » Et puis, à l'intérieur du système, on ne peut rêver d'un processus de sélection totalement impartial. L'institution scolaire est comme toutes les institutions : elle n'est pas infaillible. La reconnaissance du mérite pur n'existe pas.

Mais le problème est autre. Il n'est pas théorique et, à bien des égards, dépasse l'objet de ce livre. Il s'agit d'un problème majeur qui affecte la légitimité même du fonctionnement de notre système éducatif. Celui-ci a tendance à reproduire les inégalités sociales, voire à les accentuer. C'est la conclusion de très nombreux rapports, dont celui du Conseil national d'évaluation du système scolaire (CNESCO) publié en septembre 2016[1]. Ce rapport s'appuie sur les études et analyses d'une vingtaine de spécialistes français et étrangers, issus de différentes disciplines. Sociologues, statisticiens, didacticiens et psychologues aboutissent à cette même conclusion. Les récents rapports de l'OCDE soulignent aussi l'incapacité de l'école française à combattre les effets des inégalités sociales et territoriales sur la réussite scolaire de ses élèves. Comparée à celle des principaux pays développés, l'école française demeure même l'une des plus inégalitaires.

Il ne nous appartient pas ici de chercher à résoudre l'ensemble de ses défaillances. Mais il nous semble urgent de donner à voir les limites de l'outil scolaire pour traiter le problème de l'égalité des chances entre la jeunesse de la France périphérique et celle des grandes métropoles. Pour le dire de façon un peu brutale : lorsqu'un jeune de la France périphérique entre à l'école, marqué par des inégalités sociales et territoriales, l'école, seule, ne pourra probablement pas lui permettre de prendre l'ascenseur social.

Est-ce une fatalité ? Non, évidemment. Et nombreux sont ceux qui se penchent sur la réforme de l'école de

---

1. CNESCO, *Rapport d'activité 2016*.

la République pour en faire de nouveau un outil de l'égalité des chances. Peut-on à cette fin développer des dispositifs spécifiques pour les zones périphériques et leur jeunesse ? Oui. C'est la conviction qui fonde cet essai. En matière d'égalité des chances, l'ampleur du défi appelle des dispositifs supplémentaires pour appuyer le travail de l'Éducation nationale. Sans tout attendre de ces réformes, il est possible d'accompagner les jeunes de la France périphérique main dans la main avec les rectorats, les professeurs et les conseillers d'orientation-psychologues. Pour que Gaëlle, Charlotte ou Julien puissent croire à la possibilité de concrétiser un jour leurs projets, il importe de développer des actions correctrices supplémentaires, comme celles menées par Chemins d'avenirs. Des actions inscrites dans le cadre scolaire, mais qui le dépassent.

C'est ce que fait Gabrielle, marraine de Dylan, un collégien issu du même établissement que la jeune Gaëlle. Quand elle prodigue à son filleul des conseils, Gabrielle ne masque pas les difficultés à surmonter. Elle l'accompagne concrètement. Elle tient compte de son environnement social, familial, de sa localisation géographique. Elle contribue à éclairer les défis qui s'imposent à l'adolescent pour mieux l'aider à les surmonter. Elle desserre un peu le carcan des inégalités territoriales qui limite les mouvements des collégiens et lycéens. Qui limite leur capacité à se projeter et les empêche de construire un projet correspondant à leurs envies, à leur mérite, à leur potentiel. Au fond, en agissant de la sorte, Gabrielle travaille à rétablir un postulat de base. Le petit apport de ce mentorat auprès de Dylan a une grande signification. Il permet de dire que, malgré ses propres défaillances, le système d'éducation et d'insertion dans son ensemble peut, avec des partenaires, aménager une forme d'égalité des chances pour reconnaître le mérite de ses élèves ou de ses étudiants et réduire les inégalités liées à l'implantation de leur lieu de résidence.

Cette action correctrice est sans doute imparfaite. Quelles que soient ses limites, la notion d'égalité des chances demeure néanmoins un principe incontestable, un principe autour duquel il faut œuvrer de toutes ses forces. Un horizon indépassable sur lequel il est possible de fixer son cap et sa boussole. L'égalité des chances demeure un objectif et un idéal qui mérite que l'on engage des moyens pour la soutenir. C'est une fiction nécessaire. Cette fiction ancre le principe de justice sur l'idée fondamentale d'une égalité de droits pour chaque individu. Exactement ce qu'espère Gaëlle : la possibilité pour un élève d'être maître de son destin, de pouvoir définir son propre chemin, sans pour autant nier les difficultés qui découlent de la situation familiale ou géographique. A contrario, laisser s'installer de façon durable les inégalités des chances qui touchent la jeunesse de la France périphérique mine un peu plus le socle de notre système éducatif, qui doit déjà lutter contre les inégalités sociales. La persistance de ces déséquilibres conduit les jeunes et leurs parents à considérer l'école ou l'université comme des lieux incapables de favoriser l'émancipation et où la justice n'a pas cours.

Or, quand l'image d'une école républicaine juste et impartiale se fissure, c'est la situation personnelle des individus qui s'en trouve fragilisée. Les jeunes, isolés, ont alors le sentiment d'être assignés à résidence, coupés d'un monde qui tourne sans eux. Un membre du rectorat de Nancy-Metz qui a noué un partenariat avec Chemins d'avenirs depuis 2017 n'élude pas le problème. Cette femme engagée travaille dans la région depuis plus de vingt ans. D'abord comme enseignante, comme conseillère d'orientation, puis dans les services de l'Éducation nationale. Elle avoue craindre un manque d'ascension sociale persistant. « Je sais que ce n'est pas toute la vérité, mais parfois quand je vois des générations de familles qui font quasiment le même métier, je me dis qu'il y a encore beaucoup de chemin à parcourir. »

Au-delà du sentiment d'injustice qui étreint les individus, ces inégalités conduisent à une situation sous-optimale pour l'ensemble de la société. Elles sont sources d'inefficacité globale. Si l'égalité des chances est un principe de justice, elle est aussi un facteur d'efficacité.

On l'a vu, les difficultés économiques et sociales se concentrent sur les territoires les plus fragiles de la France périphérique. Le chômage y est souvent plus élevé que dans les grandes métropoles. Les chances de trouver un emploi plus réduites. Le revenu moyen par habitant plus faible. Comment feindre d'ignorer que la persistance de tels problèmes a des conséquences pour les plus jeunes habitants de nos territoires ?

Pour les territoires les plus isolés qui n'attirent pas des populations nouvelles, les inégalités des chances individuelles deviennent vecteurs de reproduction des inégalités territoriales. Elles contribuent à minimiser les possibilités de développement de larges portions de notre territoire, y compris lorsque celles-ci bénéficient des politiques d'aménagement soutenues par la France ou l'Union européenne. Comment Aubusson, sous-préfecture de la Creuse, pourrait-elle profiter de la révolution numérique si, une fois les infrastructures telles que la fibre optique et la 5G installées, il n'y a pas de programmeurs ? La commune a perdu près de 10 % de sa population entre 2010 et 2015. Comment développer de nouvelles activités là où les industries traditionnelles disparaissent s'il n'y a pas d'entrepreneurs ? Comment relancer le dynamisme d'une ville portuaire comme Dieppe alors que sa population diminue inexorablement depuis 2008 et vient de passer juste sous la barre des trente mille habitants, alors qu'elle en comptait trente-deux mille en 2010 ?

Ces défis économiques et sociaux ne feraient peut-être pas courir un péril mortel à la société française s'ils rencontraient une traduction politique constructive. Si les jeunes et leurs parents avaient le sentiment que la spécificité de leurs difficultés était prise en compte. Notre système démocratique est conçu pour assurer une représentation conforme à la réalité sociologique, économique et politique des citoyens. La représentation nationale doit être le reflet de ce que le pays pense et demande. Mais qu'en est-il réellement ? Peut-on raisonnablement juger que les jeunes de la France périphérique ont le sentiment de voir leurs problèmes traités par l'État ou les responsables politiques nationaux ? Qui aujourd'hui peut affirmer sans douter que ces jeunes, leurs parents, ceux qui vivent dans ces territoires périphériques ont l'impression d'être écoutés et pris en compte ? Les maux politiques de ces territoires sont pourtant connus. Ils sont souvent dénoncés. Les discours démagogiques, l'abstention aux élections ou la montée des extrêmes touchent particulièrement la France périphérique et sa jeunesse. Ne pas chercher à prendre celle-ci en considération, c'est donc faire courir au pays un risque politique majeur.

Nos voisins étrangers sont-ils confrontés à des problèmes identiques ? Le cas échéant, font-ils mieux que nous ? La France est-elle le seul pays à connaître une situation où une large partie de sa jeunesse est cantonnée dans une sphère périphérique et confrontée à un cumul d'obstacles qui l'isole et aggrave les inégalités ? Charlotte, Gaëlle et Julien ont-ils des équivalents à l'étranger ?

Les parallèles sont risqués. Il ne serait guère pertinent de faire des comparaisons trait pour trait. La distinction entre centres urbains et périphérie se retrouve néanmoins dans de nombreux pays. D'une part des métropoles denses, à la population diversifiée, connectées, dynamiques, riches de nombreux équipements publics et d'opportunités variées et bénéficiant de la mondialisation. D'autre part un territoire plus rural ou à l'urbanisme plus lâche, à l'écart des grands circuits de la mondialisation, touché par les délocalisations, ethniquement plus homogène, fragilisé sur le plan social et moins dynamique sur le plan économique. Cet écart se retrouve à des degrés divers dans plusieurs États développés. C'est notamment le cas aux États-Unis et au Royaume-Uni. L'évolution des comportements électoraux dans ces deux grandes démocraties est en particulier édifiante pour les pays qui connaissent des fractures territoriales significatives, souvent associées à de profondes inégalités sociales. La situation de la jeunesse dans ces territoires n'est à notre connaissance pas répertoriée de façon spécifique, comme nous avons cherché à le faire dans cet essai. Nous ne connaissons pas d'étude détaillée consacrée particulièrement aux jeunes des territoires périphériques de ces pays. Une telle approche pourrait s'avérer utile, compte tenu de la persistance de ces problèmes et des conséquences politiques qu'ils peuvent engendrer. Car, pour ne prendre que les deux exemples précités, les États-Unis et le Royaume-Uni, le vote des territoires isolés ou reculés a pesé dans la montée des forces extrémistes, populistes ou antisystème.

Si l'Amérique de Trump est à bien des égards une Amérique périphérique, l'électorat du président américain n'est pas pour autant un électorat jeune. Mais l'Amérique périphérique existe. Elle exprime son malaise. Et ce malaise n'épargne pas sa jeunesse.

Les reportages se sont multipliés pour comprendre les raisons d'un vote américain non anticipé. Au cœur de ce vote transparaît le ressentiment d'un électorat qui se sent délaissé, incompris et parfois même méprisé par une élite mal définie et jugée déconnectée de l'Amérique profonde. C'est notamment ce qu'explique très bien Katherine J. Cramer dans un ouvrage consacré à la vie politique dans le Wisconsin après la crise économique des années 2008-2009[1].

---

1. Katherine J. Cramer, *The Politics of Resentment. Rural Consciousness in Wisconsin and the Rise of Scott Walker*, University of Chicago Press, 2016.

Il ne faut pas chercher de l'autre côté de l'Atlantique un modèle. Pas plus qu'un contre-modèle. Il n'y a pas de politique fédérale américaine d'aménagement du territoire et l'organisation constitutionnelle américaine ne permet pas de transposer d'éventuelles solutions qu'auraient initiées les États-Unis. Il est intéressant, en revanche, de mesurer combien ces dynamiques territoriales produisent de la contestation et de la division. Important aussi de mesurer la rapidité de diffusion de ces phénomènes.

Le cas du Royaume-Uni est lui aussi très instructif. Comme l'élection du président des États-Unis, les résultats électoraux ont mis en évidence de profondes divisions et inégalités territoriales, derrière des clivages sociaux, politiques et générationnels.

Le vote en faveur du Brexit fut d'abord et assez nettement celui des populations les plus pauvres, les moins qualifiées et les plus exposées au chômage, notamment en raison de la diminution des emplois manufacturiers. Ce ne fut en revanche pas le vote des jeunes. Selon les différents sondages disponibles, 70 % à 75 % des Britanniques de moins de vingt-quatre ans ont voté pour le maintien du Royaume-Uni dans l'Union européenne, sans que cela nous renseigne sur les choix des jeunes Britanniques qui vivent dans les zones les plus reculées.

La division est très largement territoriale entre les États qui composent le Royaume-Uni. C'est d'abord une division nord/sud. Deux États ont voté pour la sortie : l'Angleterre et le pays de Galles. Deux pour le maintien au sein de l'Union : l'Écosse et l'Irlande du Nord. Si on affine l'analyse à l'échelle locale en Angleterre et au pays de Galles, les résultats du référendum révèlent des différences socio-économiques fortes et proches de celles qui sont lisibles au sein de territoires périphériques de France. C'est la conclusion de Mark Bailoni, maître de conférences et directeur du département de géographie de l'université de Nancy[1]. La géographie du *leave* (la sortie de l'UE) recoupe d'abord celle de la pauvreté, même si Londres fait figure d'exception. Dans les quartiers pauvres de la capitale, les minorités ethniques sont en effet très majoritaires et le vote en faveur du maintien est arrivé en tête. L'universitaire souligne que « le *leave* a [...] fait ses meilleurs scores dans des territoires en situation périphérique ou ressentis comme tels. C'est le cas notamment de nombreuses petites ou moyennes villes du Nord (Hartlepool, Middlesbrough, Barnsley, Wigan, Stoke, etc.) ou des anciennes vallées minières du pays de Galles, vieux territoires industriels restés à l'écart d'un véritable renouveau et marqués par de profonds problèmes sociaux persistants ». Le vote *leave* a souvent dépassé les 70 % dans cette géographie d'une Angleterre périphérique, « de l'estuaire de la Tamise au Lincolnshire, où se succèdent espaces péri-urbains concentrant des populations pauvres et exclues de Londres, stations balnéaires oubliées, anciennes petites villes industrielles et portuaires, et espaces ruraux monotones ». Cette géographie est aussi celle du parti anti-UE, UKIP.

Ce n'est donc pas une surprise si, en creux, les territoires anglais ayant choisi de voter pour le maintien sont avant tout des espaces urbains, bien connectés et

---

[1]. Mark Bailoni, « Comprendre le vote pour le Brexit : de l'utilité d'une analyse territoriale », *Hérodote*, n° 164, 2017/1.

centraux. Ils sont au cœur des échanges internationaux. Ils concentrent les activités à haute valeur ajoutée comme la banque internationale ou la finance. Ils regroupent les territoires des principales universités du cœur de Londres mais aussi ceux de Manchester, de Liverpool, Cardiff ou Newcastle, sans oublier Cambridge et Oxford. D'autres territoires sociologiquement très différents ont voté pour la sortie de l'Union européenne. C'est le cas notamment des villes petites et moyennes mais aussi des zones rurales marquées par une importante immigration, notamment en provenance d'Europe centrale et orientale, comme dans le district de Boston, à l'est de l'Angleterre. Là, le score du *leave* a été le plus élevé de tout le pays (75,6 %). Ce fut aussi le cas dans des territoires ruraux ou péri-urbains conservateurs. Ces zones, souvent prospères, affichent un euroscepticisme ancien.

Malgré le manque de données spécifiques sur la jeunesse dans ces deux grands États, un regard rapide sur le Royaume-Uni et les États-Unis laisse apparaître deux conclusions intéressantes. D'une part, l'existence de divisions entre des centres dynamiques et des périphéries qui se sentent délaissées ou se trouvent fragilisées est un phénomène de grande ampleur, qui touche aussi les jeunes. Il n'y a pas, de ce point de vue, de spécificité française. D'autre part, la traduction politique de ces divisions territoriales s'incarne fréquemment dans des mouvements contestataires.

Il n'existe pas de solution miracle à rechercher chez nos voisins. Les politiques d'aménagement du territoire sont utiles. Elles produisent des résultats dans le temps long, comme les réformes structurelles destinées à faciliter les transformations profondes des économies. Selon les préférences politiques de chacun des États, les politiques de redistribution des revenus jouent aussi un rôle pour réduire les inégalités. Tout ce qui concourt à limiter le sentiment de relégation est bienvenu. Les mesures inclusives sont bénéfiques.

Dans ce paysage, notre pays n'est pas moins armé que les autres pour faire face à ces défis. Notre souci de l'égalité, l'existence de politiques publiques nombreuses ou notre tradition d'aménagement du territoire devraient faciliter la recherche de solutions adéquates. Encore faut-il regarder les choses en face. En commençant par changer d'optique.

Avec l'élection d'Emmanuel Macron, la France a su échapper à la chute politique dans l'inconnu qu'ont constituée les votes protestataires. Cette victoire a d'ailleurs permis à une part des Français et notamment à la jeunesse de regagner confiance en la démocratie, selon un sondage de Viavoice réalisé en décembre 2017 pour l'Observatoire de la démocratie. Contrairement à certaines caricatures, l'actuel président de la République mesure la diversité des situations sur le territoire. Il a d'ailleurs eu l'occasion de l'expliquer lors de son interview en avril 2018 au journal télévisé de Jean-Pierre Pernaut sur TF1. Tout en refusant d'opposer les villes aux campagnes, Emmanuel Macron a souligné la difficulté d'une France périphérique des petites villes et des zones rurales.

Le président lui-même n'a pas grandi au centre d'une grande métropole. Sa famille n'est pas issue des beaux quartiers parisiens. Il n'est pas le produit d'une longue tradition d'énarques. Ses origines ne suffisent pourtant pas à faire de lui un défenseur de la ruralité ni un avocat de la France périphérique. Les Français redoutent d'ailleurs son indifférence. Selon une enquête d'opinion réalisée par Odoxa en février 2018, deux Français sur trois considèrent ainsi que le président est « éloigné des préoccupations du monde rural ».

L'élection d'Emmanuel Macron a été emportée sans l'adhésion de la France éloignée des grandes métropoles. C'est un fait : le président a été élu par les villes davantage que par les campagnes. Selon l'Institut français d'opinion publique (IFOP), 58 % des habitants des zones rurales ont voté pour lui au second tour, contre 65 % des habitants de zones urbaines de province et 79 % des habitants de l'agglomération parisienne. Les ruraux n'ont représenté que 22,3 % de ses électeurs au premier tour. En conclusion de son livre *Le Peuple de la frontière*, le journaliste Gérald Andrieu raconte que les Français qu'il a rencontrés au cours de ses deux mille kilomètres de marche dans le pays n'étaient pas hostiles au candidat Macron[1]. Ils lui étaient indifférents. Ils ne parlaient tout simplement pas de lui.

Au-delà de la personne du président de la République, c'est la relation tout entière entre politique et citoyens qui est à présent remise en cause. À Montluçon, Denise, présidente d'une association de quartier, exprime au *Monde diplomatique* le sentiment des habitants : « Ils se demandent à quoi cela sert d'aller voter, tellement ils ont l'impression de ne pas être écoutés. »

---

1. Gérald Andrieu, *Le Peuple de la frontière. À la rencontre des Français qui n'attendaient pas Macron*, Cerf, 2017.

Difficile de dire les choses plus simplement. Lors de l'élection présidentielle de 2017, dans cet ancien fief du Parti communiste conquis par la droite en 2001, l'abstention, les votes blancs ou nuls ont été plus forts que dans la France entière : 34 % des inscrits au premier tour (contre 24 %), près de 44 % au second (contre 34 %).

Montluçon n'est pas un cas isolé. Fabien Conord, maître de conférences à l'institut universitaire de technologie (IUT) de Montluçon, élargit l'analyse à l'ensemble de la région Auvergne. Le vote FN se retrouve ainsi « dans des secteurs marqués par une dépendance à la ville, où l'on souffre d'un manque croissant de services publics. On a besoin de la voiture pour avoir accès à ces services et commerces, le prix de l'essence a beaucoup d'impact ».

Ce qui est vrai en Auvergne l'est aussi dans d'autres territoires. Au premier tour de l'élection d'avril 2017, à Forbach, l'abstention a atteint un record pour la France métropolitaine : 36 % des électeurs ne se sont pas déplacés. Dans cette petite ville de Moselle, Marine Le Pen est arrivée en tête, suivie de Jean-Luc Mélenchon. À Montgilbert, village de cent vingt habitants à l'entrée de la vallée de la Maurienne, Marine Le Pen est arrivée en tête au premier et au second tour avec 40,9 % puis 50,7 % des voix. Au second tour, l'abstention était de 32,2 %. Les votes blancs ou nuls s'élevaient à 14,4 %.

Il existe des milliers d'exemples de ce type. Le démographe Hervé Le Bras, résume la situation sans détour[1] :

---

1. Hervé Le Bras, « La France inégale… », art. cit., et « Exode urbain et inégalités : les cartes du vote FN », France Culture, 24 avril 2017.

à l'exception des centres urbains et des métropoles, la carte de la « France qui souffre » est aussi la carte de la France qui vote Front national. Hervé Le Bras souligne aussi que « la relégation sociale et le vote FN partagent un espace commun » manifeste lorsqu'on observe les chiffres de la progression du chômage, de la pauvreté, des personnes de 25-34 ans non diplômées et des familles monoparentales.

Dans cette configuration, qu'en est-il du vote des jeunes ? À l'échelle nationale et au premier tour de l'élection présidentielle, les 18-24 ans se sont en grande majorité tournés vers Jean-Luc Mélenchon (30 %). La présidente du Front national, en deuxième place, a obtenu 21 % des voix. Sans compter l'abstention ou les votes blancs et nuls, la majorité des jeunes de notre pays s'est donc détournée des partis de gouvernement.

Gardons-nous des analyses univoques. Il est malaisé de lire le comportement électoral des jeunes en établissant un tri entre ceux de la France périphérique et ceux des grandes métropoles. Et plus complexe encore de dresser un portrait politique d'une population par nature très diverse, autant que les territoires concernés. Il n'en reste pas moins que ces chiffres se retrouvent dans de très nombreux villages ou villes de la France périphérique. Ils constituent une prise de température qu'il est dangereux d'ignorer. La jeunesse de la France périphérique est tentée de ne plus croire en son avenir, de ne plus croire en ses élites, ses partis. Demain, elle pourrait ne plus croire en son pays. Le danger est renforcé par les tensions qui existent autour du sujet de l'immigration. Tensions elles-mêmes intensifiées par le sentiment d'abandon ou de relégation des jeunes et de leurs familles. Il est si facile d'opposer des populations entre elles. Si commode de dénoncer les efforts budgétaires en faveur des banlieues pour mieux souligner l'absence de moyens spécifiques dévolus aux jeunes de la France périphérique. Si aisé de diviser pour mieux gagner une élection.

Ce risque est notamment perceptible dans certaines villes moyennes en crise, dont le centre se dépeuple et où les populations immigrées sont concentrées. Tout en faisant part des difficultés à collecter des données statistiques exhaustives, Éric Charmes, directeur du laboratoire de recherches interdisciplinaires, Ville, espace, société du Centre national de la recherche scientifique (CNRS), rapporte que certains quartiers de Mulhouse, Forbach, Roubaix, Saint-Étienne, Blois ou Carpentras connaissent des taux de population immigrée qui dépassent les 35 %[1]. Des taux similaires à ceux des communes les plus populaires de Seine-Saint-Denis. En revanche, dans les communes péri-urbaines, les taux de population immigrée se situent entre 1 % et 3 % et à 8,9 % au niveau national.

Dans ces villes, on peut assister à la fuite d'habitants qui souhaitent s'installer dans des zones ethniquement plus homogènes. Un phénomène de ce type et de grande ampleur a été étudié dans le détail aux États-Unis. Les démographes et universitaires ont développé le concept de *white flight* pour caractériser la migration de populations blanches américaines vers les banlieues, laissant les Noirs américains au centre des villes, sans moyens

---

1. Éric Charmes, « Pour une approche critique de la mixité sociale. Redistribuer les populations ou les ressources ? », *La Vie des idées*, 2009.

suffisants pour accéder à la propriété dans les *suburbs*. Alors que la transposition de ce phénomène aux villes de la France périphérique est discutée, Christophe Guilluy l'établit sans hésitation[1]. Pour lui, les « petits Blancs » ont été chassés par la gentrification des grandes métropoles. Ils ont fui ensuite les banlieues où se concentrent les familles immigrées. Éric Charmes prend plus de précautions, mais note que « de nombreuses villes moyennes perdent de leur attrait et font face à un *white flight* à la française, vers les couronnes péri-urbaines[2] ».

Ne pas regarder en face ces phénomènes, ne pas mesurer les tensions qu'ils peuvent susciter, c'est prendre le risque de ne pas voir monter une séparation des populations qui pose la question des modalités de l'intégration des différentes communautés sur notre territoire national. Ces situations ne concernent pas seulement les jeunes. Gardons-nous de toute caricature. La France périphérique où vivent ces jeunes rassemble des situations d'une grande diversité. Les zones périurbaines ne se réfugient pas unanimement dans l'abstention ou les votes extrêmes. Certaines d'entre elles sont très dynamiques. Il n'en reste pas moins que le manque de perspectives offertes aux jeunes de la France périphérique fait courir un danger à la République. Ces horizons bouchés minent la confiance qu'ils peuvent avoir dans les institutions républicaines, à commencer par l'école. La persistance d'une grande inégalité des

---

1. Christophe Guilluy, *La France périphérique*, op. cit.
2. Éric Charmes, « Pour une approche critique de la mixité sociale », art. cit.

chances peut nourrir les tensions communautaires. Elle peut conduire les jeunes à se désengager de la vie de la cité. Elle fait le lit des extrémistes ou des démagogues de tous bords.

Les jeunes de la France périphérique demeurent les grands oubliés des dispositifs d'égalité des chances. Or, le coût social, économique et politique de cet état de fait est colossal pour le pays. Sans parler des conséquences en matière de cohésion nationale. Renoncerait-on si vite à faire société ?

Il existe aujourd'hui un frémissement. Une prise de conscience plus nette des enjeux de ces territoires et du fait que la question sociale est aussi territoriale. Cette prise de conscience est nécessaire pour agir : nous devons collectivement changer notre regard sur cette France qui abrite la majeure partie de notre jeunesse. Cela implique de regarder en face les obstacles auxquels sont confrontés ces jeunes et les freins qui les brident. Mais cela implique surtout de croire en leur potentiel – n'oublions pas qu'ils sont des millions ! – et de se convaincre que les territoires périphériques regorgent de jeunes talentueux et motivés à qui on coupe aujourd'hui les ailes.

Si rien n'est fait pour ressouder les différentes parties de l'Hexagone, la fracture qui sépare les jeunes Français continuera de s'élargir. N'est-il pas plutôt temps d'agir en changeant d'optique ?

10

Changer d'optique

Il y a cet adolescent affalé au fond de la classe et qui semble attendre que l'heure passe. Que chaque heure passe. On connaît la posture de ce jeune garçon. Sa résistance à l'égard des enseignants. Sa moquerie apparente, alors que tout indique qu'il est mal dans sa peau. On connaît ses insolences, parfois même ses accès de violence à l'égard d'un camarade ou de l'autorité. On se souvient des soupirs des enseignants, de leur inquiétude : « Que va devenir Johan ? »

Devenu jeune homme, Johan raconte d'un ton tranquille la rencontre qui a changé sa vie. C'est un professeur qui, soudain, décèle chez le mauvais élève un talent caché et sait le lui révéler. C'est le père d'un ami qui, parlant d'une formation spécifique, d'un mot, ouvre des perspectives. Ou aussi bien un maître de stage dont l'expérience enfin donne confiance : « Viens travailler chez moi. Je te préviens : il faudra bosser. » L'adolescent se redresse. Bosser ne le dérange pas. Il a besoin qu'on croie en lui. Il a besoin de gagner en autonomie. Il a du potentiel et va pouvoir, progressivement, prendre son avenir en main.

Qui n'a pas connu un tel adolescent ? Un garçon – ou une fille – qui semblait bloqué, inhibé, sans issue, et qui a pu trouver sa voie. Un jeune dont on n'aurait jamais imaginé qu'il aille si loin et qui s'est révélé au fil des années. « Mon conseiller d'orientation m'avait dit de faire un BTS secrétariat. Une petite voix en moi me disait qu'une autre voie était possible », se rappelle un énarque désormais conseiller des Affaires étrangères. « Si mon professeur de français ne m'avait pas dit "Secoue-toi les puces et va en prépa", je n'aurais jamais fait les études de mes rêves », sourit Gabrielle, secrétaire générale de Chemins d'avenirs et issue d'un village de Touraine. Un conservateur du patrimoine partenaire de l'association raconte aussi : « En première année de prépa, mon prof de philo m'avait dit : "Alain, vous avez beaucoup de retard. Vous êtes même à côté de la plaque. Mais si vous vous mettez à travailler, vous aurez le concours. Pas la première année. Pas la deuxième année. Mais la troisième. Vous entrerez à l'École des chartes, c'est promis." Et c'est ce qui s'est passé. »

Changer la destinée d'un jeune est possible. Changer la vie de millions de jeunes l'est tout autant. Aussi difficile que paraisse cette tâche, des réponses existent. Nous avons la conviction qu'il est possible d'agir efficacement, sans idéalisme ni fatalisme. Tout en sachant que les inégalités entre les territoires seront toujours présentes, mais en pensant aussi que ces écarts peuvent être réduits, qu'une dynamique positive peut être impulsée, qu'il est possible de se rapprocher de cet idéal. Avec l'ambition d'y parvenir de façon concrète à l'échelle d'une génération.

Pour peu que l'on soulève le couvercle de la grande marmite des inégalités, c'est toute la société qui semble devoir être transformée. Aussi peut-il paraître plus raisonnable de ne faire que des ajustements. De refermer le couvercle. De ne toucher à rien de fondamental, de peur que l'édifice ne s'écroule. Mais cet immobilisme empêche la société de prendre les enjeux de la jeunesse française à bras-le-corps. Cette appréhension face à une situation complexe explique l'absence de solutions mises en œuvre pour traiter le problème. Malgré son coût majeur pour notre pays.

Lorsque nous avons présenté les actions de Chemins d'avenirs à des élus ou des chefs d'entreprise, l'accueil a toujours été très positif. Une partie de la fonction publique se montre en revanche réticente à l'idée de devoir déployer des moyens spécifiques pour une catégorie de la population qui « n'existe pas vraiment ». Un haut fonctionnaire chargé de l'aménagement du territoire a ainsi cherché à nous faire comprendre qu'« il y a déjà une politique pour la jeunesse et une politique d'aménagement du territoire ». Et d'ajouter : « On ne va pas multiplier les politiques pour des catégories qui n'existent pas. Ce ne sera plus lisible. » Ces « catégories » n'existent peut-être pas, mais les jeunes qui vivent ces situations, eux, existent bel et bien. La première raison pour laquelle leur cas n'est pas traité tient à cette absence de visibilité et de reconnaissance d'un problème majeur. Comment proposer des solutions ? Encore une fois, il est indispensable de prendre collectivement conscience du phénomène et de le donner à voir. Un discours politique, sans caricature ni instrumentalisation, est en ce sens indispensable. Sans cette étape préalable, rien ne sera possible. Car les jeunes de Vimy, Limoux ou Aurillac n'existent pas si on refuse de leur donner un visage. Avant toute chose, il faut leur prêter vie. Braquer le projecteur sur eux. Comme cela a été fait, à juste titre, pour les enfants des banlieues, il est essentiel de mettre en lumière la réalité vécue par les jeunes de la France périphérique.

Ce travail engagé est mené par des journalistes aux couleurs politiques différentes, qui produisent des enquêtes de terrain au sujet de la France des territoires. Plusieurs ouvrages se sont ainsi penchés sur les villes et villages de notre pays et les Français qui les habitent. On pense à *Dans quelle France on vit*[1] d'Anne Nivat, grand reporter, ou au *Peuple de la frontière* de Gérald Andrieu, rédacteur en chef des pages société de *L'Express*. Des reportages socio-économiques comme celui du *Nouvel Observateur* sont venus illustrer le basculement de centres-villes vidés de leurs commerces de proximité[2].

Les artistes, photographes ou cinéastes contribuent aussi à rendre visible cette France. Les clichés pris par Raymond Depardon impriment notre rétine comme autant de souvenirs intimes[3]. Ici, la devanture immobile et immuable d'une boucherie dans le centre de la France. Là, un bar-PMU désuet, Le Français, à Surgères en Charente-Maritime. Ou encore cette mairie-école posée à Waben dans le Pas-de-Calais. Aucun de ces travaux ne porte jamais sur la situation spécifique de la

---
1. Anne Nivat, *Dans quelle France on vit*, Fayard, 2017.
2. « Les deux France », *Le Nouvel Observateur*, 21 mars 2013.
3. *La France de Raymond Depardon*, Seuil/BNF, 2010.

jeunesse, mais ils contribuent à mettre en lumière la réalité de ces territoires, à la manière du très beau roman de Nicolas Mathieu, prix Goncourt 2018, *Leurs enfants après eux*, qui place son intrigue dans une « vallée perdue quelque part dans l'Est » et entend décrire un « pays loin des comptoirs de la mondialisation, pris entre la nostalgie et le déclin, la décence et la rage[1] ».

La Marche pour l'égalité et contre le racisme de 1983 portait des revendications politiques très claires, y compris l'intégration des populations immigrées. Elle a permis une première prise de conscience concernant les banlieues. Il n'y a pas eu et il n'y aura pas de grande marche pour la France périphérique. Une telle mobilisation, venue de territoires éparpillés et divers comme ceux de la France rurale, est rare et peine surtout à s'organiser. Les rassemblements des Gilets jaunes en novembre 2018 en témoignent.

Le travail des journalistes et artistes est donc essentiel pour faire connaître et donner voix à ces populations. C'est ce que revendique Gérald Andrieu lorsqu'il défend le journalisme d'immersion, convaincu qu'il faut « continuer à montrer ce peuple », à mettre en avant ces « destins silencieux[2] ».

Mais la connaissance des territoires et de leur jeunesse passe également par une prise en compte nouvelle des outils statistiques, comme le montrent depuis des années les universitaires penchés sur le sujet. Cet impératif a

---

1. Nicolas Mathieu, *Leurs enfants après eux*, Actes Sud, 2018.
2. Gérald Andrieu, « Une partie du pays a choisi d'entrer en sécession civique », *Le Comptoir*, 3 novembre 2017.

donné lieu en 2015 à une polémique comme notre pays les affectionne. Là où le géographe Christophe Guilluy plaidait pour une évolution des critères de l'INSEE, une partie des médias a utilisé une note de la très sérieuse institution gardienne des statistiques nationales pour démontrer que la réalité mise en lumière par le géographe n'existait pas dans ses statistiques... donc n'existait pas du tout[1] !

Le problème est en réalité moins statistique que politique. Les cartes ou les graphiques donnent à voir la représentation d'une réalité que l'on choisit de montrer. Celle-ci plutôt qu'une autre. Il s'agit donc bien d'une question d'optique. Ainsi le découpage des zones urbaines, péri-urbaines ou rurales peut-il varier sans que l'un soit techniquement faux et l'autre juste. Ainsi les jeunes issus de certains établissements se retrouvent-ils qualifiés de « prioritaires » et d'autres non. Même combat pour la dénomination des pôles urbains. Cette catégorie très large regroupe tous les centres et banlieues rassemblant au moins dix mille emplois. Des villes fragiles comme Roanne, Oyonnax, Bourg-en-Bresse, Périgueux, Bar-le-Duc, Montélimar, Béziers, Villeneuve-sur-Lot, Creil, Laval, Thionville, Beauvais, Arras, Colmar côtoient des aires urbaines plus dynamiques et bien insérées dans la mondialisation autour de Bordeaux, Strasbourg, Marseille, Paris ou encore Rennes. Ce classement peut conduire à effacer les spécificités des territoires et à considérer d'un même

---

1. Christophe Guilluy, « Le concept de France périphérique est souvent mal interprété », *Libération*, 5 juin 2015, et Jean-Laurent Cassely, « Quand l'INSEE sert d'arme pour attaquer la "France périphérique" de Christophe Guilluy », *Slate*, 3 juin 2015.

œil des réalités pourtant très différentes. Dans la mesure où de nombreux dispositifs publics d'aides et d'accompagnement s'appuient sur les zonages territoriaux, l'enjeu est réel. C'est le cas, comme on l'a vu, pour le choix des REP et REP+ par l'Éducation nationale. La bataille des représentations est une bataille de cartes, de sigles et de mots.

Traverser la France sans emprunter l'autoroute permet d'observer la diversité de notre pays, mais aussi de repérer le point commun de toutes les zones périphériques. Le conducteur perçoit nécessairement les différences entre une métropole régionale de plus de cent mille habitants comme Dijon, dotée d'une université et d'équipements culturels, reliée par une ligne de train à grande vitesse à un centre économique, et une ville comme Lodève dans l'Hérault (sept mille quatre cents habitants) ou Ville-sur-Tourbe dans la Marne (deux cent quarante-six habitants). La France périphérique est visible à l'œil nu. Elle saute aux yeux là où elle disparaît des cartes statistiques. Ainsi le voyageur attentif peut-il imaginer le quotidien des jeunes habitants de ces territoires. Sans toujours y parvenir.

La recherche d'une compréhension plus fine des situations territoriales existe. L'Éducation nationale a notamment engagé depuis plusieurs années un travail salutaire de cartographie des enjeux et de ses moyens avec la revue *Géographie de l'école* réalisée par les services statistiques du ministère[1]. Cette publication met en exergue des données qui caractérisent les disparités

---

1. Publication triennale éditée par la DEPP du ministère de l'Éducation nationale.

géographiques en matière d'éducation : la structure de l'environnement économique ou social dans les régions, la structure de la scolarité dans le premier et le second cycle, la place de l'éducation prioritaire dans les académies, les dépenses d'éducation, les conditions d'encadrement des élèves ou encore la durée moyenne des études dans les académies. Ce travail apporte une base utile pour accentuer l'approche territoriale des politiques d'égalité des chances à l'école. Il demeure toutefois largement insuffisant.

Si changer d'optique est si difficile, si les travaux sur ces sujets sont peu nombreux, c'est peut-être aussi parce que les sujets à révéler ne sont pas spectaculaires. Pas d'image qui saute à l'œil d'une caméra. Pas de violence éclatant au grand jour devant une barre d'immeubles. Pas de voiture qui brûle, pas d'exotisme à exposer. Pas d'image à mettre en avant à la manière de l'ancien ministre Jean-Louis Borloo qui, dans un entretien accordé au *Monde* en avril 2018 au sujet de ce qu'il nommait le « scandale absolu » des banlieues, évoquait ces « cinq cent mille jeunes de seize à vingt-quatre ans, en bas des tours, les bras croisés[1] ». Seulement la vie éparse et, semble-t-il, banale, d'individus et de familles dont le quotidien est celui de la majorité de la population.

Arnaud vit à Brignoles, une commune du Var de quinze mille habitants. Ce jeune homme de vingt-deux ans est vendeur dans un magasin de téléphones portables du centre commercial à la périphérie de la

---

1. « Banlieues à l'abandon », Jean Louis Borloo dénonce un « scandale absolu », *Le Monde*, 26 avril 2018.

ville. Touchée par la fermeture des mines de bauxite à la fin des années 1970, la population de Brignoles est représentative de ce que le géographe Laurent Chalard définit comme « espace péri-urbain subi ». En quinze ans, le canton a attiré ce que les sociologues nomment la « classe moyenne inférieure » : employés administratifs, ouvriers qualifiés, chauffeurs routiers ou techniciens, qui souhaitent accéder à la propriété et se sont éloignés des villes-centres et des zones d'emploi les plus actives. La fragilité sociale des habitants de villes comme Brignoles est une caractéristique du péri-urbain subi. Réticent à parler de lui, Arnaud finit par nous raconter son quotidien. Ses parents, aide-soignante et chauffeur routier, sa petite sœur et lui ont quitté les quartiers difficiles d'Aix-en-Provence à la fin de sa seconde. L'adolescent était triste de quitter ses amis, mais heureux d'avoir enfin une « vraie chambre », un espace à lui. Ravi aussi de découvrir qu'Angelina Jolie et Brad Pitt avaient choisi les environs pour acheter leur résidence secondaire. « C'est bizarre comme idée, rigole-t-il, parce qu'on peut pas dire qu'il y a grand-chose dans le coin. Je sais pas trop ce qu'ils faisaient de leurs journées. » Il précise tout de même : « Autour, y a des choses sympas à faire à Fréjus ou Marseille. Mais à Brignoles, franchement non. On mange, on travaille, on dort. Comme tout le monde, quoi. Pas grave, mais c'est vrai qu'ici il n'y a vraiment rien de spécial, surtout pour nous, les jeunes. » Et d'ajouter, philosophe : « C'est la vie. »

La vie. Le quotidien. Peut-être celui-ci semble-t-il moins excitant à photographier et à raconter que le quotidien des grandes métropoles et de leurs banlieues animées. Peut-être l'absence d'événements marquants ne permet-elle tout simplement pas de faire la une d'un journal, ni même de justifier un reportage. Le travail de médiatisation, quand il existe, doit en outre éviter les écueils de la stigmatisation, de l'instrumentalisation et des approches réductrices. Ces dérives, connues, sont dénoncées concernant les jeunes des banlieues, notamment lorsque leurs quartiers ne renvoient plus que des images d'insécurité ou de pauvreté. Ou lorsque c'est sous l'angle de difficultés d'intégration des populations immigrées que sont catalogués les quartiers sensibles.

Dans une situation très différente, ce risque de stigmatisation existe aussi pour les jeunes de la France périphérique. Si le discours qui se développe est réduit au monde rural et, au sein du monde rural, à la catégorie des paysans, qui ne représentent plus qu'une infime partie de la population active de ces territoires[1], le traitement en sera, à l'évidence, biaisé. Le misérabilisme voire la condescendance doivent aussi être évités, tout comme la nostalgie d'une campagne idéalisée ou encore, à l'évidence, la tentation de l'instrumentalisation politique.

Sur ce point, il faut souligner que la nature de l'enjeu nécessite l'élaboration d'un discours et de solutions politiques. Quels que soient les risques, il n'y a pas d'alternative. Le thème est politique et appelle des réponses de même nature.

---

1. Selon l'INSEE, en 2014, les agriculteurs et exploitants représentaient moins de 2 % de la population active.

Les partis ont naturellement un rôle à jouer pour dénoncer les situations d'inégalité, porter les revendications de larges catégories de la population et proposer des solutions. Sans l'apport du discours politique, aucun changement ne sera possible. La ligne de crête est donc ténue entre dénonciation légitime et instrumentalisation à des fins électorales. Le plus sûr remède contre ce danger réside dans l'absence de captation du sujet ou d'un électorat au profit d'une seule force politique. Autrement dit, la cause du peuple de la France périphérique et de sa jeunesse peut être défendue, mais uniquement si le débat ne porte pas sur l'existence ou l'ampleur du phénomène périphérique. Il doit au contraire se concentrer sur ses causes et les solutions à apporter. Si la situation spécifique de la jeunesse des territoires éloignés des grands centres urbains est reconnue, le débat pourra se déplacer sur le terrain des mesures à prendre.

Il apparaît donc primordial de structurer un discours politique fondé sur une connaissance empirique de ces territoires, qui traite des enjeux de ces jeunes, propose des solutions adaptées et insère cette problématique dans le champ du débat public. L'enjeu de ce discours politique est de parvenir à souder le territoire de la République à travers sa jeunesse, recréer une cohésion nationale mise à mal par les inégalités territoriales.

Les outils de politique publique spécifiquement dévolus à la jeunesse de ces territoires manquent encore. La réorientation de la politique de la ville en 2014 pour cibler les zones en fonction d'un critère unique – la faiblesse du revenu des habitants –, a certes permis de prendre en compte de nombreuses villes petites et moyennes de la France périphérique comme Dax, Villeneuve-sur-Lot, Joigny, Privas ou Dinan. C'est un premier pas. Pourtant largement insuffisant. Sans discours pour les accompagner, leur donner sens et perspective, cet instrument ne peut résoudre les problèmes complexes auxquels sont confrontés les jeunes de la France périphérique.

Changer d'optique et développer une approche politique adaptée est un préalable indispensable. Mais ce discours politique « macro » sera inefficace s'il ne peut s'appuyer sur des initiatives « micro ». S'il n'est pas relayé et ancré dans ces zones isolées. La priorité est donc la construction patiente, au plus près des territoires, d'écosystèmes, pour rétablir l'égalité des chances entre les collégiens et lycéens de la France périphérique et leurs camarades des grandes métropoles.

11

L'union fait la force : un écosystème de réussite

Changer un destin d'un coup de baguette magique ? Cendrillon elle-même n'y croirait pas. Pour Gaëlle, Charlotte et Julien, les solutions existent. Mais aucune prise isolément ne pourra transformer leur avenir.

Une fois la première étape franchie, celle de la prise de conscience, la tâche à accomplir demeure immense. Elle donnerait presque le vertige. Réduire les inégalités des chances pour la jeunesse des territoires périphériques ? Un quinquennat et la meilleure bonne volonté du monde n'y suffiraient pas ! Le vote d'une loi ou la publication d'un décret en Conseil d'État n'y parviendrait pas ! L'autocensure, l'isolement géographique, le manque de mobilité, la fracture numérique, le manque de réseau ou encore les difficultés d'accès à l'information appellent des réponses spécifiques et des solutions durables. Le cumul des obstacles à lever impose des solutions plurielles et coordonnées.

Notre conviction est que ces solutions existent et produisent des résultats. L'orientation académique et professionnelle de la jeunesse périphérique peut être améliorée.

Ses horizons peuvent être élargis. Le destin de millions de jeunes peut être changé et les inégalités des chances ainsi réduites. Cette conviction est fondée sur l'expérience acquise depuis plusieurs années à travers les actions de Chemins d'avenirs.

Alors par où commencer ? Que faire en premier ? Tout d'abord, ne pas prétendre tout révolutionner. Partir de ce qui existe déjà. Certains obstacles que rencontre le jeune périphérique sont spécifiques aux territoires, comme la fracture numérique ou l'isolement géographique des jeunes ruraux. Mais d'autres, tels que les mécanismes d'autocensure ou les difficultés d'orientation, sont des enjeux communs aux banlieues des grandes métropoles, où la situation est prise en main depuis plusieurs décennies. Il est donc possible de conserver des solutions testées avec efficacité dans des contextes différents.

Un exemple clé est celui du mentorat individuel. Le parrainage, tutorat ou mentorat, peu importe son nom, est un dispositif à l'efficacité éprouvée, considéré comme l'un des leviers d'ascension sociale les plus puissants. Formel ou informel, régulier ou plus distant, le mentor accompagne, challenge et offre un regard attentif et bienveillant, allant parfois jusqu'au rôle de modèle. Il possède avant tout ce regard extérieur qui, lorsqu'il ne tombe pas dans le paternalisme, donne confiance et tire vers le haut. On pense à la directrice des opérations de Facebook Sheryl Sandberg qui mentionne l'importance de son ancien professeur et mentor Larry Summers dans son parcours professionnel fulgurant. Plus proche de nous, le témoignage de Fatima, trente-six ans, parrainée au sein du Club du XXIe siècle et racontant son expérience au magazine en ligne *Elle active*[1] : « Grâce à mon mentor, j'ai compris que même si les chiffres prouvent la discrimination, rien ne m'empêche de viser l'excellence. Un mentor change le regard que vous portez sur vous-même et donc que vous renvoyez aux autres. » Pas besoin d'être adolescent pour tirer profit d'un parrain ou d'une marraine.

Depuis plusieurs années, le mentorat a été généralisé et même institutionnalisé. Les associations en faveur de la diversité et du brassage social, culturel et ethnique, mais aussi de l'égalité entre les femmes et les hommes, en ont fait un pilier de leurs actions. Avec succès. Les grandes entreprises en généralisent la pratique. Un grand nombre de structures à destination des jeunes des quartiers s'appuient sur ces dispositifs qui ont l'avantage de garder une dimension profondément humaine. Prenons le cas d'une association comme Proxité qui existe depuis plus de dix ans. Son site Internet indique : « Au cœur de Proxité, il y a le parrainage : un accompagnement personnalisé, régulier et durable de jeunes, majoritairement issus de quartiers prioritaires, dès la sixième, par des bénévoles venus du monde du travail, les parrains et marraines. » Proxité part ainsi du besoin de chaque jeune, de ses aspirations et de sa sensibilité, pour lui proposer un parrainage adapté à ses demandes et à son parcours. Un autre exemple, toujours destiné aux élèves des banlieues, est celui d'« Une grande école : pourquoi pas moi ? ». Ce programme de tutorat

---

[1]. « Avoir un mentor au travail change le regard que vous portez sur vous-même », *Elle active*, 22 février 2017.

étudiant créé par l'École supérieure des sciences économiques et commerciales (ESSEC) permet aux jeunes de milieux populaires d'aller plus loin dans la découverte des études supérieures et de développer les compétences qui y sont attendues, encadrés par des volontaires et bénévoles de l'école, tuteurs sur le long terme.

Pour informer, accompagner et responsabiliser, ce soutien extérieur, complémentaire des actions de l'Éducation nationale ou des avis familiaux, permet aux jeunes d'ouvrir leur champ des possibles et de se poser librement des questions concernant leur avenir. Le mentor n'est pas omniscient. Il est bienveillant, disponible et motivant. Il interroge, fixe des objectifs à son filleul. Il facilite la recherche d'informations, permet des rencontres. Il souhaite sa réussite et prodigue encouragements et conseils. Son rôle ne peut ni ne doit se substituer à celui des parents. Le mentor seul ne peut changer une vie. Cependant, il peut contribuer à créer des chemins, encourager une dynamique positive avec le soutien et la collaboration d'un écosystème plus large. Il permet à un jeune de se réinventer à un instant t, d'avoir sur lui un regard et neuf et confiant.

À l'évidence, ces initiatives sont bénéfiques pour les jeunes de la France périphérique. Les retours d'expérience de structures aguerries dans l'accompagnement individuel de jeunes des quartiers ont d'ailleurs été d'une grande aide pour notre association Chemins d'avenirs, qui a ainsi pu s'inspirer des meilleures pratiques transmises par certaines d'entre elles. La singularité des territoires, en particulier la dispersion de l'habitat et l'éloignement des grands centres urbains, empêche néanmoins de plaquer des solutions toutes faites et demande d'inventer des dispositifs spécifiques. Ne pas prétendre tout révolutionner, donc. Et, dans le même mouvement, fédérer les énergies au plus près du terrain pour transformer en profondeur et faciliter un travail collectif. Rapprocher les acteurs dans un écosystème de réussite est une solution efficace déployée par Chemins d'avenirs. Cela consiste, très simplement, à créer autour d'une population et sur un territoire donné un réseau d'acteurs qui travaillent de concert à un même but. Un parent d'élève, un maire, une proviseure, un artisan, une retraitée bénévole et une responsable des questions d'insertion professionnelle à la sous-préfecture agissent avec une efficacité redoublée s'ils sont non seulement mis en relation mais aussi intégrés dans un maillage qui poursuit un même objectif.

De nombreux acteurs sur le terrain contribuent ou peuvent contribuer à changer la perspective des jeunes vivant sur un même territoire. L'Éducation nationale, à l'évidence. Les associations culturelles ou sportives. Mais aussi les entreprises, les chambres de commerce et d'industrie, les médias ou les acteurs de l'insertion professionnelle comme les missions locales. Ces structures associatives n'accompagnent pas les jeunes en cours de scolarité. Elles s'emploient néanmoins à faciliter l'insertion sociale et professionnelle des jeunes de seize à vingt-cinq ans, hors du système scolaire. Très bien implantées, y compris dans de petites communes au travers de leurs antennes, les missions locales structurent déjà souvent des écosystèmes locaux. C'est aussi le cas de mouvements atypiques comme les maisons familiales rurales (MFR). Nées à la fin des années 1930 dans le giron du syndicalisme chrétien agricole implanté dans le sud-ouest de la France, les MFR ont développé des structures associatives indépendantes et originales qui proposent des formations en alternance fondées sur un engagement des familles au sein de structures de petite taille.

Tous ces acteurs, sans oublier les familles qu'il importe d'impliquer dans la démarche, peuvent adjoindre leurs forces pour apporter des réponses coordonnées. L'idée sous-jacente est très simple. Chaque partie prenante détient une information utile aux jeunes. Ce peut être une offre de stage, un conseil sur une bourse scolaire ou l'expérience réussie d'une recherche de logement à quatre cents kilomètres du lieu de résidence. Ces informations peuvent être mutualisées et partagées sans attendre. Chacune d'elles peut déboucher sur une action au profit des jeunes des territoires.

On l'a dit, il importe de s'appuyer sur l'existant pour créer des synergies avec de nouvelles actions. Car des initiatives et des expérimentations existent, bien sûr. C'est le cas des écoles Espérance ruralités, inspirées des établissements créés dans les quartiers urbains sensibles au travers de la fondation Espérance banlieues. De même des établissements d'enseignement prestigieux, soucieux de la diversité sociale dans leur recrutement et qui envisagent à présent des parcours spécifiques pour l'accès des jeunes de la France périphérique. On pense par exemple au lycée Henri-IV qui, sous l'impulsion de l'ancien proviseur Patrice Corre, a su inventer de nouveaux dispositifs pour attirer en prépa les élèves issus de milieux défavorisés. Natif du Bourbonnais,

Patrice Corre raconte[1] : « Nous avons mis en place une cordée de la réussite, une convention avec vingt-deux collèges en ZEP : nous aidons soixante de leurs élèves à préparer leur entrée en seconde [...]. Nous avons créé en 2012 une filière universitaire pluridisciplinaire où la moitié des élèves sont boursiers. Et j'ai lancé, avec des professeurs et d'anciens élèves comme Guillaume Poitrinal (ex-Unibail Rodamco), Denis Olivennes (Europe 1) ou l'académicien Marc Lambron, le fonds de dotation Henri-IV pour aider financièrement et culturellement des élèves de milieux modestes en prépa ou deuxième cycle. » Fondés sur les critères sociaux, ces dispositifs ont largement cherché à intégrer de jeunes provinciaux.

Le numérique est aussi un outil puissant pour mettre en résonance les informations et les initiatives existantes. Il permet l'accès en un seul point des plateformes spécialisées dans l'orientation comme l'Office national d'information sur les enseignements et les professions (ONISEP) ou dédiées à l'identification d'un métier comme le site JobIRL.

Au-delà du maillage local, ce réseau dédié répondra d'autant mieux à un besoin d'ouverture et de mobilité qu'il sera ouvert à de nouveaux horizons, nationaux ou internationaux, et intégrera des acteurs à même d'élargir le champ des possibles des jeunes. Chemins d'avenirs a par exemple noué un partenariat avec l'association nationale des anciens élèves conservateurs du patrimoine. Celle-ci mobilise ses adhérents pour intervenir

---

1. Patrice Corre, « La réussite ne passe pas que par le schéma prépas-grandes écoles », *Challenges*, 1er mars 2016.

dans les classes, organiser des visites dans des établissements culturels ou répondre à des questions sur les métiers de conservateur ou d'archiviste.

Cet écosystème de réussite n'est pas seulement un réseau de parties prenantes diverses qui communiquent entre elles. Il lui faut un objectif commun. Il doit être animé et bien orienté pour déployer des actions spécifiques. De façon schématique, ces actions peuvent être rassemblées autour de quatre actions clés qui se renforcent mutuellement : informer, accompagner, responsabiliser et promouvoir.

12

Le carré magique

Réunis par un écosystème de réussite, comment les acteurs de terrain proches de Gaëlle, Charlotte et Julien vont-ils désormais agir en leur faveur ? Comment aider ces jeunes à identifier et construire leurs projets ? Comment révéler le potentiel de Julien, Charlotte, Gaëlle et de tous les autres ? Comment leur ouvrir un chemin pour leur permettre d'aller aussi loin que possible, quelle que soit la voie choisie ?

Une nouvelle fois, le nombre d'actions à entreprendre peut conduire à baisser les bras. Faites l'exercice pour vous-même. Peu importe votre âge, votre milieu social d'origine, votre lieu de naissance ou encore le regard que vous portez sur votre parcours scolaire, professionnel et personnel. Imaginez le nombre de fois où vous auriez aimé mieux préparer une étape, obtenir une information plus précise ou bénéficier, dans la durée, d'un accès à des équipements sportifs, culturels, ou à un stage en particulier. Vous pensez sans doute : « Tout le monde aurait besoin de conseils et de soutiens. Pas seulement les enfants de la France périphérique. C'est le problème de chaque jeune ! » Sans doute est-ce le cas en partie. Mais en partie seulement. Car l'ampleur du problème est bien plus importante dans la France périphérique. Les obstacles que les jeunes ont à surmonter y sont bien plus nombreux et surtout peu pris en compte.

Pour les plus de 60 % de jeunes Français issus des zones rurales et des villes petites et moyennes, nous pensons qu'une démarche spécifique peut améliorer progressivement la situation. Et qu'un travail explicitement tourné vers ces jeunes permettra de traiter beaucoup de leurs difficultés si cette action est mise en œuvre dans la durée. Pour Chemins d'avenirs, informer, accompagner, responsabiliser et promouvoir sont les quatre piliers d'une égalité des chances renforcée en faveur des jeunes de ces territoires.

Premier axe : informer

Puisque l'information est le nerf de la guerre, faciliter l'accès à des données de qualité sur les filières disponibles est la tâche première. Indiquer les sources pour trouver des conseils sur toutes les formations disponibles, à proximité ou non, et leurs débouchés sur des métiers concrets est une étape indispensable.

Il ne suffit pas bien entendu de tendre à ces jeunes une brochure. Les informations doivent tout d'abord intervenir à temps. Les inégalités se construisent tout au long du parcours scolaire. Il importe d'être présent aux côtés des jeunes au moment où les premiers choix d'orientation sont faits. Pour eux, ce sera donc avant la fin du collège, dès la classe de quatrième. C'était du reste la conviction affichée par les chefs d'établissement des collèges et lycées partenaires dès l'année pilote de

Chemins d'avenirs. Rencontrés pour la première fois lors d'une réunion académique organisée au rectorat en décembre 2016, ces professionnels de l'académie de Clermont-Ferrand étaient catégoriques : « Nous devons intervenir très tôt, dès l'âge de treize ou quatorze ans, auprès de jeunes pour qui des tournants définitifs peuvent être pris quelques mois plus tard. »

Cette mission va ensuite au-delà de la mise à disposition d'informations. Elle vise à encourager les jeunes à préparer progressivement leurs projets professionnels. L'action des psys-EN (ex-conseillers d'orientation-psychologues) est sans aucun doute indispensable et leur rôle peut sans doute encore être reprécisé. Il importe surtout de croiser les sources, de comparer, de confronter les avis et d'évaluer les conseils donnés. On ne saurait faire peser la responsabilité de l'orientation sur un conseiller unique. Réunir autour d'un adolescent plusieurs acteurs qui apportent des données et facilitent la construction d'un projet personnel est gage de pluralité et d'ouverture.

La connaissance du système scolaire et de ses arcanes est primordiale. Un lieu commun est de dire que les enfants de professeurs s'en sortent en moyenne mieux que les autres[1]. Ce n'est pas seulement parce qu'ils peuvent être aidés à la maison pour faire leurs devoirs. Ces jeunes bénéficient aussi de conseils précis sur les choix des établissements et des filières les plus adaptés, grâce à la connaissance de parents qui évoluent

---

1. Voir par exemple la note de l'INED, « Comment se construisent les inégalités scolaires au fil des trajectoires des élèves ? », février 2017.

à l'intérieur du système. Or, ces conseils peuvent être en partie diffusés par un réseau d'entraide.

L'information a en outre parfois besoin d'être pointue. C'est le cas pour la préparation de concours exigeants comme celui de Sciences Po. Chemins d'avenirs a fait une expérience saisissante en la matière.

Au lycée Banville de Moulins, lycée de très bonne réputation du département de l'Allier, une préparation à ce concours était menée depuis plusieurs années. Une poignée d'élèves de terminale étaient régulièrement admissibles sur dossier grâce à leurs excellentes notes, ou parfois même suite aux épreuves écrites. Mais depuis sa création et jusqu'en 2016, aucun élève n'avait été admis à Sciences Po Paris. L'admission à ce concours se joue en effet lors d'une épreuve de personnalité et de motivation, à l'oral. Un passage obligé, redouté et aussi très codifié, souvent assimilé à tort à une épreuve de questions-réponses de culture générale. L'équipe de Chemins d'avenirs, dont plusieurs bénévoles avaient réussi ces épreuves, a proposé de préparer les admissibles du lycée Banville. Cette préparation, légère, s'est déroulée en deux temps. Une description précise de l'épreuve tout d'abord, consistant à expliciter les attentes du jury, analyser les codes à maîtriser, conseiller sur les révisions ; puis deux oraux blancs. Suite à ces interventions très simples et à l'accompagnement de cinq jeunes, quatre filleuls de l'association ont été admis à Sciences Po Paris ou dans un IEP. Il a suffi, en deux séances dont une par Skype, d'expliquer sans langue de bois les règles du concours. Il a suffi de corriger en quelques exercices les défauts les plus communément constatés pour que l'égalité des chances soit rétablie !

Il a suffi de quelques heures pour que cet oral ne joue pas uniquement en faveur d'élèves mieux préparés, élèves qui ont un frère ou un cousin ayant déjà passé l'épreuve ou qui ont eux-mêmes suivi une classe préparatoire spécialisée avec des professeurs familiers du concours.

    C'est ce que traduit le témoignage d'une enseignante d'économie au lycée de La Mure, commune de moins de cinq mille habitants en Isère : « Comment le préparer au mieux ? La question revient sans cesse depuis que Gaspard, élève de terminale ES, est admissible à l'oral de Sciences Po Paris. Ses excellents résultats lui ont permis d'être dispensé des épreuves écrites du concours d'entrée. Mais le challenge est de taille : réussir l'oral d'une "grande institution" alors qu'aucun élève de notre établissement n'a intégré cet IEP, ni même imaginé pouvoir l'intégrer. Une équipe pédagogique s'organise pour aider Gaspard dans sa préparation, et se questionne : Quelles sont les exigences ? Combien d'oraux blancs doit-on lui faire passer ? Quelles lectures doit-il privilégier ? Pour trouver des réponses, s'informer sur différents sites est facile, bien cerner les attentes de l'oral l'est moins. C'est alors que notre proviseur a l'idée de solliciter Chemins d'avenirs, association présente dans notre établissement. Il faut préciser que celui-ci est situé en zone de montagne éloignée des centres culturels urbains, des universités et grandes écoles. Nos élèves ont tendance à s'autocensurer, à ne pas formuler de projets ambitieux malgré le travail continu mené sur l'orientation. Être accompagné par Chemins d'avenirs peut permettre à un lycéen d'acquérir de la confiance, de s'autoriser à construire un projet qui lui tient à cœur (cela, bien sûr, en adéquation avec ses résultats). Échanges réguliers, analyse de la lettre de motivation, oral blanc par Skype : la marraine de Gaspard est toujours disponible, à notre écoute, apportant conseils et encouragements. Cet accompagnement le fait progresser, lui permettant de mieux structurer son travail personnel, de mieux orienter ses lectures. Finalement, Gaspard aborde l'épreuve plus affirmé et plus serein. Avec succès car il intégrera Sciences Po Paris en septembre ! »

Les grandes écoles gagneraient à former les formateurs. Elles pourraient leur permettre de suivre, s'ils le souhaitent, un programme de sensibilisation aux attentes des jurys et leur ouvrir l'accès à ces épreuves en tant qu'observateurs. Une mesure simple serait aussi de filmer et mettre en ligne, avec l'accord des intéressés, les meilleurs oraux assortis des commentaires du jury. Ces épreuves seraient ainsi plus transparentes et plus facilement accessibles à ceux qui n'en maîtrisent pas déjà les codes.

Donner accès à une information large et complète est l'étape initiale. Indispensable et évidente. Elle ne consiste pas seulement à mettre à disposition des ressources déjà disponibles sur les métiers et filières. Elle suppose d'aller au-delà des conseils sur l'orientation.

Deuxième axe : accompagner

À l'exception des vocations professionnelles précoces, la plupart des jeunes mûrissent leur projet progressivement. Cette première phase de tâtonnement est cruciale. Elle peut être longue à se cristalliser. Être accompagné dès cette phase de réflexion peut aider à lever les mécanismes d'autocensure et élargir les horizons. Pour que de premières idées d'orientation puissent se concrétiser, il faut non seulement rassembler des informations éparses sur les étapes académiques à franchir et préciser les contours de l'idée, mais aussi réfléchir aux meilleures manières de s'approcher des objectifs fixés.

Lorsque Lucas, élève de première littéraire près de Grenoble, construit peu à peu le projet de s'orienter vers les métiers de l'architecture, une multitude d'actions sont engagées avec Thomas, son parrain. Thomas a trente-quatre ans. Il a grandi dans une petite commune de l'Ardèche et vit aujourd'hui à Lyon. Avant de devenir ingénieur dans une grande entreprise du bâtiment et travaux publics (BTP), son propre parcours scolaire a été chaotique « par manque d'informations et parce que je ne me sentais pas capable de faire des études difficiles », dit-il a posteriori. Après dix mois de parrainage, il explique les raisons de son engagement : « Bien installé dans la vie, j'ai eu envie d'aider un jeune qui pouvait rencontrer tous ces problèmes que je connaissais personnellement. » Thomas nous aide à résumer les actions engagées avec Chemins d'avenirs pour permettre à son filleul d'aller plus loin :

• Inciter Lucas à décrire, par écrit, le métier d'architecte et à poser les étapes académiques à franchir. Cela comprend les formations disponibles mais aussi les prérequis pour présenter les concours ou examens d'entrée (niveau en mathématiques, options à travailler en priorité) ainsi que les avantages perçus ou réels de ce métier et ses inconvénients (travail en équipe, précarité, niveau de salaires, etc.). L'objectif de cette action est de permettre à Lucas d'éprouver ses intuitions, de les rationaliser, d'aller plus loin et de préciser ainsi ses projets en partant de lui-même, de ses atouts, des fragilités sur lesquelles il pourra ensuite revenir s'il souhaite vraiment s'engager dans cette voie. Cette approche large lui permettra aussi de gagner du temps en mûrissant son projet sur le long terme, plutôt que de l'affronter uniquement au moment d'une inscription à finaliser ou d'un concours à réussir.

• Organiser des échanges avec des personnes ayant suivi des études d'architecture et qui exercent à présent des métiers différents : architecte maître d'œuvre, décorateur d'intérieur ou encore urbaniste. Pour ce faire, Thomas s'est appuyé sur ses relations et sur le réseau de parrains et d'anciens filleuls de l'association. Cette étape s'inscrit dans la logique du retour d'expérience et de l'incarnation des formations et métiers, indispensables pour rendre les informations vivantes et concrètes. On l'a vu, c'est souvent ce qui manque aux jeunes de la France périphérique. Un lycéen éloigné de Grenoble a-t-il de si nombreuses occasions de rencontrer des architectes, d'échanger avec eux, de s'inspirer de leurs conseils ?

• Faciliter l'accès de Lucas à un stage proche du domaine d'activité qu'il brigue et accompagner sa candidature pour optimiser ses chances d'être sélectionné (*empowerment*, aide à la rédaction d'un CV, préparation aux entretiens). Cette étape est fondamentale pour permettre à Lucas de ne pas s'appuyer sur une seule connaissance théorique d'un métier, au risque de s'illusionner, et pour ajouter à sa démarche une dimension opérationnelle. Placer un jeune dans une optique professionnelle n'exclut évidemment pas qu'il puisse faire évoluer ses propres projets par la suite.

• L'encourager chaque mois à développer sa connaissance historique et artistique de l'architecture. Dans cette perspective, Thomas demande à son filleul de trouver des sites Internet de référence et de lui faire des résumés de ses lectures. Ce travail permet d'affiner le projet de Lucas. Parrain et filleul commencent par des séances consacrées à l'architecture à Barcelone, en prévision d'un voyage de classe que Lucas doit y faire. La démarche permet surtout de muscler son savoir en matière d'architecture, pour que celui-ci repose sur des fondations solides et des connaissances organisées. Au cours d'un entretien, Lucas pourra par exemple illustrer son intérêt pour ce domaine en citant des noms d'architectes qu'il aime ou de grandes réalisations architecturales, plutôt que de se contenter d'une référence banale et générale apprise la veille sur Wikipédia.

• Enfin, Thomas encourage son filleul à chercher les formations qui correspondraient le mieux à son potentiel et à ses envies. Après avoir trouvé ensemble des écoles à Lyon et à Paris, ils explorent à présent, avec l'écosystème de réussite de Chemins d'avenirs, les moyens de lever, dans deux ans, les obstacles matériels qui se dresseront peut-être sur la route du jeune homme : accès à une résidence étudiante, recherche d'un travail compatible avec la charge de travail, bourse d'études, etc. Un programme comme « L'Envol, le campus de la Banque postale », développé pour des jeunes à haut potentiel mais dont les ressources familiales sont limitées, facilite par exemple ce type de recherches.

Informer et accompagner est un travail de longue haleine. Pour éviter une démarche passive de la part du jeune, le troisième axe vise la responsabilisation et le développement de son sens de l'engagement.

Troisième axe : responsabiliser

Cette responsabilisation peut prendre plusieurs formes et se faire au travers d'encouragements à développer des projets personnels ou à s'engager dans une association, lorsque cela est possible. Si cette structure est membre de l'écosystème, le lien se fera naturellement. Il pourra ainsi exister une continuité entre les différentes démarches.

Pourquoi insister sur la responsabilisation et le sens de l'engagement ? En contrepartie d'une aide accrue, il apparaît souhaitable d'encourager les bénéficiaires à s'engager à leur tour au profit de la collectivité. La relation entre le dispositif et ses bénéficiaires est moins unilatérale lorsque le jeune soutenu par un mentor ou un réseau d'entraide devient à son tour partie prenante. Il est alors acteur lui aussi. Il peut donner et ne pas être seulement récepteur passif d'une aide extérieure. À terme, il peut même développer un véritable goût pour l'engagement et l'action au profit d'autrui. C'est notamment ce que cherchera à développer le futur Service national universel, dès 2019. Cette vertu de l'engagement fait partie des qualités examinées par de nombreux recruteurs. Les jeunes conscients de cette attente savent qu'il est désormais de bon ton d'avoir dans son CV une ligne consacrée à la vie associative ou à un travail de bénévolat. Pourquoi ne pas le dire aussi aux jeunes de la France périphérique ? Pourquoi réserver cette information à un petit nombre de jeunes qui, la plupart du temps, cocheront aussi les cases des expériences à l'étranger et des stages pendant les vacances scolaires ?

L'ensemble de ces conseils et soutiens peut ne pas suffire. Comme cela a pu être fait pour la jeunesse des banlieues, il est alors crucial d'aller chercher les jeunes issus des villages et petites villes de France. Comme cela se fait pour la promotion des femmes dans la société, il importe de développer un discours libérateur et de leur ouvrir des voies d'accès. C'est le quatrième axe : la promotion de la jeunesse issue de la France périphérique.

Quatrième axe : promouvoir

Pour réduire les inégalités des chances, quoi de mieux que de donner une chance ?

La promotion des jeunes des territoires suppose tout d'abord de montrer des exemples de réussite, exemples variés et inspirants. Il est urgent de faciliter l'incarnation de parcours différents de ceux que ces jeunes connaissent. Car s'il est parfois complexe d'attirer l'attention d'un jeune de quatorze ans sur une question aussi difficile que le développement personnel ou la construction d'un projet d'étude à visée professionnelle, les retours d'expérience permettent de créer un lien direct entre les aînés et les plus jeunes. Le contact se fait facilement. Un principe d'identification est possible. L'ancien élève ou le professionnel issu de la région connaît les questions et les préoccupations de ses benjamins.

Cette incarnation peut passer par la médiatisation de parcours exemplaires, à l'image, là encore, de ce qui est fait pour favoriser la diversité ethnique. Parmi les soutiens de l'association Chemins d'avenirs, certains chefs d'entreprise, hauts fonctionnaires ou journalistes sont eux-mêmes issus de la France périphérique. Ils se sont reconnus dans l'expérience mise en lumière par l'association. Mais il est rare que cette origine soit revendiquée ou même simplement affichée. Médiatiser un peu plus les origines de ces talents de la France périphérique pourrait contribuer à élargir des horizons et jouer un rôle d'identification utile.

La promotion de cette jeunesse passe ensuite par l'ouverture de parcours spécifiques vers des formations, des accès privilégiés ou fléchés à des ressources culturelles ou des stages. Ces dispositifs n'existent pas encore de façon importante et concertée pour la France périphérique. Le président de la République, en mai 2018, a rappelé que les stages de troisième étaient devenus une question « centrale pour les jeunes des quartiers » et souligné notamment la difficulté pour eux d'accéder à un réseau susceptible de favoriser ces stages : « Quand on vient de ces quartiers, précisait Emmanuel Macron, on n'a jamais l'entreprise ou la structure qui les accueille. […] Alors, de manière concrète, on va commencer dès maintenant […] avec trente mille jeunes des quartiers qui pourront avoir leur stage, quinze mille portés par les entreprises, quinze mille portés par l'État et les services de l'État. » Voilà une excellente initiative. Elle gagnerait à concerner aussi les jeunes de la France périphérique. Car ces derniers rencontrent exactement les mêmes difficultés. Celles-ci sont même amplifiées, dans certains cas, par l'isolement géographique et la nécessité d'effectuer un stage dans son village. Qu'attend-on pour le voir ? Que faut-il de plus pour agir ?

Lorsqu'un écosystème de réussite se met en place, un des objectifs est donc de faciliter l'accès à de nouvelles opportunités professionnelles ou culturelles – pour trouver un stage ou développer un projet pédagogique avec un musée, par exemple. Ainsi les partenariats noués par Chemins d'avenirs avec des entreprises comme Vinci, Bureau Veritas, EDF ou Enedis, qui disposent d'un large réseau national, permettent-ils de proposer des stages dans les territoires aux élèves de troisième. Des expériences auxquelles souvent ils n'auraient pas pensé. Pour donner un autre exemple concret, le quotidien *La Montagne* a très facilement accepté de recevoir un jeune voulant devenir journaliste pour échanger directement avec lui.

Concernant l'accès aux filières sélectives de l'enseignement supérieur, le débat est bien connu depuis que l'ancien directeur de Sciences Po, Richard Descoings, a courageusement bousculé les idées reçues en organisant une admission parallèle adaptée à certains élèves issus d'établissements des zones d'éducation prioritaire. La méthode a été contestée. Elle peut être encore débattue.

Elle a eu le mérite de faire bouger les lignes. D'autres méthodes ont été testées, d'autres moyens déployés, comme les internats d'excellence ou des filières spécifiques de préparation aux concours. Une extension de ces dispositifs à une large partie de la France périphérique serait souhaitable. Les équipes de Sciences Po déplorent d'ailleurs leurs difficultés à le faire. « Pour l'heure, nous sommes encore tributaires des réseaux d'éducation prioritaire, remarque un membre de l'équipe dirigeante interrogé sur le sujet. Il faut trouver des moyens pour ouvrir notre recrutement, notamment aux jeunes ruraux. »

Peut-être faudrait-il en effet chercher à élargir la définition de la diversité, jusqu'ici largement réduite aux questions ethniques ? Ou s'affranchir de ce prisme de la diversité ? Dans tous les cas, « faire monter » des jeunes à haut potentiel issus de la France périphérique paraît indispensable pour une meilleure prise en compte de ce sujet dans les politiques publiques. La multiplication de profils formés aux responsabilités et soucieux de ces territoires aurait en outre probablement un effet vertueux pour le pays.

Enfin, de la même manière que des cadres supérieurs, hommes ou femmes, peuvent bénéficier de sessions de coaching, il est utile de développer de tels outils pour la jeunesse des territoires. Il faut donner confiance à cette jeunesse, l'encourager, l'aider à décloisonner les approches. Il faut lui permettre de faire son autopromotion. Cet accompagnement peut par exemple prendre la forme d'ateliers d'*empowerment*, très efficaces pour muscler la confiance en soi des participants.

Informer, accompagner, responsabiliser et promouvoir : agir autour de ces quatre axes à travers une approche personnalisée permet d'apporter beaucoup de réponses aux problèmes identifiés dans la première partie de cet ouvrage. Subsiste en parallèle un obstacle très spécifique : les freins à la mobilité.

13

Bouge de là !

> « L'enclavement, l'isolement, l'absence d'accès aux transports, à toutes les formes de nécessités de ce siècle nouveau, assignent à résidence des millions de nos compatriotes. La liberté, c'est ce combat pour toutes les mobilités, ce combat pour les accès, ce combat pour que nul de nos concitoyens ne soit exclu des voies du progrès, du droit de faire, d'essayer, pour échouer peut-être, ou pour réussir. »
>
> Discours du président de la République
devant le Parlement réuni en congrès
à Versailles le 3 juillet 2017

L'idée de mobilité était très présente dans le discours d'Emmanuel Macron pendant sa campagne. Elle le reste après son élection. Elle revient dans nombre de ses discours, avec son corollaire : l'émancipation.

Dans son discours du 23 mai 2018, « La France, une chance pour chacun », le président insistait sur sa volonté « que chacun puisse aller vers ce à quoi il aspire, qu'il n'y ait plus cette assignation à résidence, sociale ou territoriale […] qui fait que quand on est né à un endroit il n'est plus possible de s'en sortir ». Ces propos rejoignent notre conviction profonde. Les phénomènes d'assignation à résidence existent et sont puissants en France. Ils touchent de nombreux jeunes et méritent d'être combattus grâce à des mesures émancipatrices.

La mobilité est au cœur d'un projet de société qui place la liberté mais aussi l'égalité des chances au centre des préoccupations. La France n'est pas en avance sur ce chapitre. Au contraire, « les mobilités ont été marquées par une diminution continue depuis dix ans », déplore Serge Morvan, président du Commissariat général à l'égalité des territoires (CGGET). Malgré cette vision qui admet un mal français, on peine à lire les actions décisives susceptibles de favoriser la mobilité géographique des jeunes de la France périphérique. C'est un manque profond, tant celle-ci paraît indispensable pour permettre aux jeunes qui le souhaitent d'aller vers des opportunités plus nombreuses.

Encourager la mobilité ne consiste pas à vider les campagnes de leurs jeunes. Pas plus qu'à attirer à tout prix ces derniers vers les lumières de la ville. Ces critiques ou ces objections reviennent parfois lorsque l'équipe de Chemins d'avenirs parle de l'incitation à la mobilité comme d'un objectif prioritaire. Ironiquement, ces craintes proviennent assez souvent d'urbains « de souche », inquiets d'un nouvel exode rural. Redoutent-ils les campagnes délaissées ou plutôt leurs villes surchargées ? Les habitants des zones périphériques, eux, évoquent l'urgence pour leurs jeunes d'« aller voir ailleurs comment ça se passe ». Ils insistent surtout sur les difficultés à le faire. « Quand ma fille, lycéenne à Montluçon, première commune de l'Allier, veut aller étudier à Lyon, nouvelle capitale régionale, elle met plus de temps qu'une gamine de Lille qui habite trois fois plus loin ! s'indigne une enseignante du lycée Madame-de-Staël à Montluçon, ville qui concentre beaucoup des caractéristiques des communes de la France périphérique. Entre trois heures trente et cinq heures de train pour faire cent quatre-vingt-trois kilomètres, c'est fou non ? » On lui demande quels moyens devraient être privilégiés pour la mobilité de sa fille et celle de ses élèves. L'enseignante répond sans hésiter : « Le logement, les transports et l'incitation psychologique. Il faut des moyens matériels suffisants et un discours politique encourageant. Pour l'instant... nos jeunes n'ont ni l'un ni l'autre. »

Les deux tiers des parrains de Chemins d'avenirs ont grandi dans la France périphérique. À l'âge adulte, certains ont choisi de rejoindre de grandes métropoles, d'autres non. Tous s'accordent sur l'enjeu majeur pour les jeunes issus de territoires isolés : bouger. « Cela ne veut pas forcément dire partir pour toujours, précise la principale du collège de Dompaire dans l'académie de Nancy-Metz. Ça veut dire être capable de se poser la question, d'initier le mouvement. Pour découvrir d'autres mentalités, rencontrer d'autres personnes, avoir accès à de nouvelles opportunités. Ça devrait être simple. Ce n'est pas du tout le cas. » Subsiste le sentiment qu'il n'existe d'avenir que dans les limites du connu. Qu'il est interdit ou en tout cas difficile de s'élancer vers un ailleurs. Si difficile que l'on ne s'autorise même pas à l'envisager. Pour vouloir, il faut pourtant être en capacité de pouvoir. C'est ce que confirme le rapport précité « La géographie de l'ascension sociale » en 2015 : « La forte immobilité géographique des enfants d'origine populaire contribue à renforcer l'immobilité sociale, surtout dans les zones à faibles opportunités. » On pense à la remarque d'une cheffe d'établissement à La Côte-Saint-André, en Isère, évoquée au début de cet ouvrage : « Ici, les jeunes n'auront pas le choix de leur avenir. »

Face à cette réalité, un personnel de la direction de l'éducation et des lycées de la région Auvergne-Rhône-Alpes dit tout haut ce que beaucoup pensent tout bas : « Ce qui serait nécessaire, c'est que des jeunes qui ont pu partir reviennent travailler et agir dans leur région. Ils montreraient la voie aux autres. Ils feraient la différence sur nos territoires. Mais soit les jeunes restent dans de mauvaises conditions ou pour de mauvaises raisons, soit ils partent pour ne plus revenir. Tout ça n'est évidemment pas très bon pour nous. » Cette crainte est compréhensible. Elle s'apparente à redouter une fuite des cerveaux ou des talents, comme un pays pauvre peut redouter le départ de ses élites pour les rives des pays riches. Mais, dans le cas de la France périphérique, encourager la mobilité des jeunes est une option sans regret. Il faut amorcer le mouvement pour espérer un jour voir des talents s'épanouir et même revenir.

Le mouvement, c'est ce qu'il est urgent de favoriser avant tout et sans hésitation. Les jeunes doivent être en mesure de partir, de revenir, de vivre et travailler, s'ils le souhaitent, dans leur ville d'origine, dans celle d'à côté ou plus loin encore, dans de bonnes conditions, armés d'expériences, titulaires d'un emploi à la hauteur de leurs envies. « Bien sûr que ça pourrait me plaire de revenir vivre à Banyuls, admet Valentin, dont les parents tiennent le garage de cette petite station balnéaire des

Pyrénées-Orientales. Ma famille y est, mes amis d'enfance... et le cadre de vie est incomparable avec ce qu'on peut trouver en ville. Mais je suis ingénieur. Qu'est-ce que je viendrais faire ici ? » Le jeune homme se dit chanceux. Soutenu par ses parents, il a bataillé pour quitter sa petite commune et suivre de très bonnes études à Toulouse. Il est le seul parmi ses amis proches à avoir étudié dans la Ville Rose, située à deux heures quarante-cinq de chez lui. « C'est ce qui m'a permis de m'élever, c'est clair », résume Valentin.

La mobilité est un puissant levier pour combattre les inégalités. France Stratégie en fait même la première des solutions pour œuvrer contre les inégalités d'accès à l'enseignement supérieur. Gaëlle, Charlotte et Julien, confrontés au défi d'accéder aux formations de leur choix, voient leurs capacités à combattre les inégalités sociales et géographiques réduites d'autant. L'équation est sans appel : à potentiel égal, leurs chances de réussir une ascension sociale sont plus limitées que celles de leurs camarades de Lyon ou de Bordeaux.

Encouragés à être mobiles, Gaëlle, Charlotte et Julien pourraient au contraire combattre le mal à la racine. Relevons le défi dans ce sens, puisque la théorie du ruissellement trouvera toujours et même rapidement ses limites. Pour le dire autrement, la diversité de nos territoires existera toujours et comprendra toujours une forme d'injustice dans l'accès immédiat aux formations. Les territoires périphériques seront toujours plus éloignés des meilleures universités, formations et grandes écoles. Lyon n'est pas Perpignan. Aix-en-Provence n'est pas Charleville-Mézières. La vallée de la Loire n'est pas Paris et n'a pas vocation à l'être. Les territoires français n'ont pas à se transformer en campus américain ni en Silicon Valley. Pas plus qu'il n'est question de construire un Harvard dans chaque petite ville de France.

Il faut donc permettre aux jeunes d'aller chercher eux-mêmes les opportunités. Leur permettre d'aller à la rencontre de ces possibilités nouvelles, sans que ce cheminement comprenne des risques insurmontables pour eux et leur famille. Pour que Charlotte, qui aimerait être médecin, ne devienne pas infirmière par défaut. Pour que Julien, s'il a suivi une formation de paysagiste, ne soit pas freiné très tôt dans la pratique de son métier, par manque d'opportunités sur son territoire. Pour que Gaëlle, passionnée de cuisine, travaille effectivement dans le restaurant de son oncle à vingt minutes de chez elle si elle le souhaite, mais qu'elle puisse aussi rêver d'embrasser un jour le destin d'un Joël Robuchon.

Ce nom n'est pas choisi au hasard : le parcours du chef le plus étoilé au monde doit faire partie des exemples mis en lumière pour incarner la réussite de jeunes de nos territoires. Et ne pas demeurer l'exception qui confirme la règle. Né à Poitiers, fils de maçon, le chef confiait au journal *Le Monde* en 1993[1] : « À seize ans, tout pouvait m'arriver, même le pire, si je n'avais rencontré à cette époque les Compagnons du tour de France. » Cette rencontre a fait basculer son destin. Elle lui a aussi permis de découvrir de nouveaux horizons grâce à la mobilité organisée par les Compagnons.

Mais encourager la mobilité ne peut dépendre d'une seule rencontre, aussi belle et déterminante soit-elle.

---

1. « Joël Robuchon ou "le juste moment en cuisine" », *Le Monde*, 18 décembre 1993.

Plusieurs éléments doivent au contraire être combinés. Faciliter les transports, l'accès au logement, à l'information ou encore lever les barrières d'autocensure participent d'un même mouvement en sa faveur. Pour y parvenir, il est nécessaire d'impliquer des acteurs de terrain. Les équipes pédagogiques des collèges et lycées ont un discours libérateur à tenir à l'égard des jeunes. Mais la voix de ces équipes ne portera que si elle s'accompagne d'une action concertée et accrue des pouvoirs publics et de la société civile. La mobilisation de celle-ci est indispensable. Mais pour être à la hauteur de l'enjeu, à l'échelle du problème, l'État doit faire de la mobilité géographique une priorité.

C'est précisément ce que recommande France Stratégie[1]. L'organisme public chargé de la réflexion prospective au niveau de l'État liste en ce sens plusieurs moyens de combattre, par une plus grande mobilité, les inégalités d'accès à l'enseignement supérieur :

• Inciter à l'installation dans les régions dynamiques, à travers notamment une offre de logement social accrue dans ces zones.

• Développer les systèmes de quotas ou de places réservées aux jeunes issus des filières et établissements défavorisés et l'expérimentation de bourses qui accompagneraient les jeunes décidant d'étudier hors de leur région.

• Compenser les facteurs de risques territoriaux, à origine sociale donnée, avec par exemple un rééquilibrage

---

1. France Stratégie, « La géographie de l'ascension sociale », *op. cit.*

de la répartition de la dépense par élève entre le primaire et le secondaire en faveur des zones où la réussite scolaire des enfants des classes populaires est plus faible.

- Développer la coopération entre académies.

Sur ce dernier point, la fusion des académies est testée depuis juillet 2017. Le ministère de l'Éducation nationale a ainsi décidé de ne pas nommer de remplaçant après le départ de la rectrice de Rouen. Il a confié ses attributions au rectorat de Caen, siège de la région académique. La formule « un recteur pour deux académies » conduit à tester la création d'une région académique véritable. Parmi les effets attendus : une meilleure orientation des élèves grâce à une coordination intensifiée des acteurs locaux et à une répartition spatiale plus juste des moyens. C'est déjà un premier pas. Si un système de quotas ou de places réservées pour les individus d'origine défavorisée était en prime déployé, il serait d'autant plus efficace qu'il s'appliquerait à l'intérieur de ces grandes régions académiques. Son efficacité serait également accrue grâce à une offre universitaire plus importante et diversifiée sur ce territoire élargi.

Parcoursup, la nouvelle procédure d'inscription dans le supérieur mise en place en novembre 2017, pourrait faciliter ce mouvement. Le portail d'admission post-bac permet en effet de postuler en dehors de son académie. Le champ de cette ouverture demeure toutefois limité : pour les licences par exemple, la règle de la priorité académique reste de mise ; et seul un petit pourcentage de candidats hors académie sera accepté dans les filières dites « sous tension ». Un bilan en demi-teinte donc, tout comme l'« aide à la mobilité » précisée par une circulaire ministérielle le 12 juillet 2018. Cette aide ne concernera en effet qu'un petit nombre d'étudiants et dans des conditions complexes et restrictives : d'un montant allant de 200 à 1 000 euros, elle sera uniquement destinée aux bacheliers n'ayant pas obtenu de place dans le supérieur et qui auront saisi le rectorat.

Ces dispositifs représentent un premier pas dans la bonne direction. D'autres pourraient s'inspirer de propositions comme celle émise par le CESE en 2018[1]. Ambitieux et très détaillé, cet avis évoque un dispositif adressé à tous les jeunes de seize à trente ans qui accepteraient une formation ou un emploi à plus de trente minutes de leur domicile. Construit sur mesure, ce dispositif combinerait droits, informations et conseils. Un service mobile et itinérant serait créé en ce sens pour entrer en contact avec les jeunes sur leur territoire. Ce dispositif pourrait par exemple, propose le CESE, se matérialiser par la circulation d'un bus « droit-information-orientation-mobilité » animé conjointement par les missions locales et les réseaux Information jeunesse (IJ). Il jouerait alors le rôle d'interface vers les services compétents.

C'était déjà le CESE qui, en 2011, constatait un « manque cruel d'études et de recherches permettant de prendre en compte la globalité du phénomène de mobilité des jeunes et de ses différents aspects[2] ». On en revient à la nécessité de changer d'optique, d'éclairer

---
1. CESE, avis, « L'orientation des jeunes », avril 2018.
2. CESE, « La mobilité des jeunes », *op. cit.*

pleins phares cette jeunesse invisible. Ce manque d'études rejoint du reste le manque d'informations à destination des jeunes périphériques pour faciliter leur mobilité. Il s'agit pourtant d'un frein relativement simple à dénouer, pour peu que la démarche soit systématisée. Information des équipes pédagogiques, information des parents, information des élèves, un triptyque qui passe aussi bien sûr par un recours accru au numérique. Mais, on l'a vu, pour que les jeunes de la France périphérique soient aussi mobiles que leurs camarades des grandes métropoles, les apprentis de ces territoires autant que les étudiants, les boursiers autant que les non-boursiers, ce travail doit passer par une information enrichie, concrète et incarnée. Rien ne vaut le discours d'un pair, étudiant venant dire à un lycéen : « Tu pourrais postuler à ce diplôme, je l'ai fait » ou lycéen venant dire à un collégien : « Tu peux aller à l'internat, même loin de chez toi[1]. »

Car, avant même d'évoquer les études longues, le problème de la mobilité se pose pour les plus jeunes, collégiens et lycéens. Le modèle de l'internat apparaît dès lors comme un recours qui offre beaucoup plus qu'un hébergement : il permet de connaître des approches éducatives nouvelles, d'éviter de longs et coûteux trajets et d'aider à la création d'un environnement propice à une meilleure égalité des chances, notamment grâce à des conditions d'études améliorées et homogénéisées. Le lancement des internats d'excellence en 2008, devenus par la suite internats de la réussite, a permis de relancer

---

1. Voir notamment le *Rapport public annuel 2014* de la Cour des comptes, t. I.

le concept et de transformer l'image souvent sombre et vieillotte des internats d'après-guerre. Le coût de ces structures est débattu. Mais le principe mérite qu'on s'y arrête. Et ce d'autant plus si l'on souhaite accompagner avec une attention accrue les jeunes de la France périphérique.

Aujourd'hui encore, la question des internats en général illustre les difficultés que rencontre cette jeunesse. L'ancien proviseur du lycée Banville de Moulins raconte ainsi que, chaque année, il refusait des élèves de seconde générale faute de chambres disponibles. « Je sais ce que cela signifie pour eux : ils n'iront pas au lycée général et technologique. Ils iront au lycée agricole d'à côté. Car leurs parents ne pourront pas les conduire ici chaque jour. Il faudrait plus de chambres ! Et plus d'internats. » Le président de la République rappelait justement devant les caméras de TF1 en avril 2018 son intention de s'emparer de cette question qui correspond bien aux « besoins du jour ».

Il importe en effet de ne pas se tromper de priorité. S'il est clair qu'une attention particulière doit être portée à la question de la mobilité internationale et notamment européenne des jeunes, celle-ci n'a de sens qu'une fois conjuguée à des incitations à la mobilité nationale. Le ministre de l'Éducation nationale Jean-Michel Blanquer estime que la mobilité internationale doit être favorisée « en soutenant les associations » et « en fixant des objectifs au sein même de l'Éducation nationale[1] ». Un de ces objectifs prévoit que 12 % des élèves du second

---

1. Réponse de Jean-Michel Blanquer à la question de la parlementaire Marguerite Deprez-Audebert à l'Assemblée nationale le 16 mai 2018.

degré, soit sept cent mille élèves, devront avoir effectué un séjour à l'étranger d'ici 2018-2019. À l'horizon 2024, ajoute le ministre, « chaque élève devra parler deux langues européennes en plus de la sienne » et « la moitié d'une classe d'âge devra avoir passé au moins six mois dans un autre pays européen que le sien ». Ces mesures sont indispensables et ont d'autant plus de sens pour la construction d'un projet européen. Mais, nous en sommes convaincus, la mobilité à l'intérieur du pays doit être une priorité d'égale ampleur. Si elle peut sembler de prime abord moins glamour, elle n'en est pas moins essentielle. Peut-être même est-elle un préalable. Il ne sert à rien en effet d'apporter de meilleures informations sur les opportunités d'emplois ou de formations en France et à l'étranger sans encourager en parallèle la mobilité. Il ne sert à rien de mettre en avant des exemples de personnes issues de la France périphérique qui ont fait des choix courageux et réussi leurs paris, si quitter son territoire paraît impossible.

Pour la collectivité, faciliter la mobilité géographique des jeunes Français est à tous les coups un choix gagnant. C'est créer un effet d'entraînement au profit de l'égalité des chances. C'est remettre en marche la société française dans son ensemble. Pour impulser ce mouvement, les individus et les associations peuvent agir et proposer des solutions. Mais compte tenu de l'ampleur de la tâche, sans politique publique dédiée, ces solutions risquent de ne pas être à la hauteur des difficultés rencontrées.

14

Une politique pour les invisibles

« La cohésion du pays, ce n'est pas le président seul qui peut l'assurer. » Dans ses vœux à la jeunesse pour 2018 postés sur Facebook et Twitter le 31 décembre dernier, le président de la République en appelait à l'engagement des jeunes. Dans une formule proche de celle du discours inaugural du président John Fitzgerald Kennedy, Emmanuel Macron leur demandait de réfléchir, « chaque matin », à ce qu'ils pourraient faire pour la France. Il soulignait la réciprocité attendue par l'État et le pays à l'égard de ses concitoyens. Pour que les politiques publiques ne soient pas une délégation de responsabilité sans contrepartie.

Comme tous les jeunes Français, les jeunes de la France périphérique sont concernés. Pas moins que les autres. Pas plus non plus. Mais on peut s'interroger en parallèle sur le rôle de la nation et de l'État dans le traitement des difficultés qu'affrontent ces jeunes des villes petites et moyennes et dans l'accompagnement de ces collégiens et lycéens des zones rurales. Ne pourrait-on pas attendre davantage de la puissance publique vis-à-vis d'eux et des défis qu'ils rencontrent ?

L'État s'occupe de l'aménagement du territoire. Il a la charge de l'éducation des Français. Il doit assurer leur sécurité, leur apporter des soins, anticiper leur retraite. Il finance des infrastructures pour les jeunes. Il soutient des associations pour les plus fragiles. L'État fait déjà beaucoup. Il souffre en outre d'un manque de moyens budgétaires. Il peine aussi parfois à s'adapter aux réalités très différentes des territoires, quand les associations, elles, parviennent à déployer des moyens souples, ciblés et donc mieux adaptés à la diversité des cas individuels. Alors faut-il alourdir la charge d'un État qui a déjà tant à faire en densifiant encore ses missions ? Faut-il qu'il déploie des moyens spécifiques pour les jeunes des territoires périphériques, en plus de ce qu'il fait déjà pour la jeunesse en général ? Avec quels moyens pourrait-il le faire ? S'il faut s'attaquer aux difficultés de la France périphérique, n'est-ce pas avant tout l'affaire de la société civile, voire de la société civile seulement ?

Avant d'engager les moyens budgétaires et humains de la puissance publique, mieux vaut effectivement s'interroger sur la pertinence de la démarche. Mieux vaut évaluer la valeur ajoutée pour la collectivité d'une action nouvelle portée par l'État.

La réalité est que, sans politique publique nationale en faveur de la jeunesse des territoires, il n'y aura pas de solutions à la hauteur du problème. Certes, l'État ne peut pas tout. Mais il peut beaucoup. Encore aujourd'hui. Il peut en particulier agir comme catalyseur des initiatives nationales et locales. Sans cette accélération des solutions, leur effet de transformation et leur passage à l'échelle seront impossibles à atteindre. Les problèmes actuels se reproduiront de fait sur plusieurs générations.

Une politique publique spécifique pour la jeunesse de la France périphérique est donc indispensable pour accompagner les efforts de la société civile. Cette action de l'État est attendue pour plusieurs motifs.

La population des territoires périphériques attend tout d'abord un signal politique fort de la part de la puissance publique. Un signal de reconnaissance face à une réalité vécue. Les tensions qui existent autour de la question des services publics dans les zones rurales sont symptomatiques de cette attente. Tel village se bat pour maintenir un bureau de poste. Telle petite ville souhaite conserver une desserte ferroviaire locale. Une autre n'accepte pas la fermeture de sa maternité. Ces situations sont nombreuses. Souvent, deux logiques s'affrontent. D'un côté, les états-majors avancent des arguments rationnels sur la nécessité de respecter des seuils de fréquentation ou de rentabilité minimale. Ils mettent en lumière les risques associés à de trop petites structures hospitalières ou soulignent l'existence de solutions alternatives moins coûteuses. De l'autre, ceux qui plaident pour le maintien de services publics sur leur territoire disent se sentir méprisés, oubliés, et en appellent à une logique de redistribution équitable.

Martine Tison, conseillère régionale de Bretagne et adjointe aux affaires sociales à Callac, exprimait en ces termes son indignation, en mai 2018, au sujet de la fermeture programmée de la maternité de Guingamp[1] :

---

1. « Maternité de Guingamp, la réaction de Martine Tison », *Le Télégramme*, 25 mai 2018.

« Au moment où l'Agence régionale de santé décide, de façon inique et brutale, de la fermeture de la maternité de l'hôpital de Guingamp, un sentiment général d'incompréhension, d'injustice, d'angoisse et d'abandon est largement partagé dans notre population. Au-delà du vrai scandale sanitaire que représente l'éloignement du centre de naissance, en termes de sécurité et de confort pour les mamans et les bébés, se pose aussi celui de notre attractivité : s'il avait été convenu de précipiter le déclin de notre territoire et de le transformer en "désert vert", on ne s'y serait pas pris autrement ! »

Ce sentiment s'exprime aussi en matière d'éducation. Ainsi l'annonce en mars 2018 de la fermeture de deux cents à trois cents classes en milieu rural, notamment en raison de la baisse démographique, a-t-elle entraîné une levée de boucliers[1]. Cette annonce et la polémique qui l'a accompagnée ont fait resurgir la question de l'allocation des moyens entre zones rurales et zones d'éducation prioritaire avec, en creux, les débats sur le bon découpage de ces dernières. Le président de la République et son ministre ont eu beau, depuis lors, préciser leur démarche et annoncer la création de mille postes dédiés aux zones rurales à la rentrée de septembre 2018, la perception de nombreux Français reste la même. Pour eux, les territoires ruraux demeurent le parent pauvre des initiatives entreprises depuis mai 2017. Pour eux, cette situation traduit au mieux une incompréhension de leur réalité, au pire une forme de mépris.

---

1. « Fermeture des classes en milieu rural : la guerre des chiffres », *Sud-Ouest*, 15 mars 2018.

L'État reste l'acteur légitime pour organiser et incarner un discours politique. Le sentiment d'être invisible, négligé, pèse dans les mécanismes d'autocensure et d'exclusion rencontrés chez les jeunes de la France périphérique. Avec les conséquences politiques vues précédemment. Mettre sur pied une politique publique dédiée à cette jeunesse qui se sent reléguée, c'est aussi lui dire que la collectivité se préoccupe de sa situation, connaît ses difficultés et refuse de se résigner.

Ensuite, l'État peut mettre en œuvre des solutions. Son implantation dans les régions et départements reste très forte au travers des préfectures, des rectorats ou des directions territoriales des ministères techniques. Coordonnée avec l'action des collectivités territoriales, l'intervention de l'État permettrait un essaimage et une diffusion très larges, avec une rapidité d'action dont les associations, seules ou accompagnées par des soutiens privés, sont loin d'être capables. Une des clés résiderait en effet dans la mise en place de cet écosystème de réussite par la création d'un réseau d'acteurs engagés. Les moyens de l'État et sa capacité à contractualiser avec d'autres acteurs publics et privés sont pour ce faire incomparables. Dans certains cas, des évolutions réglementaires sont en outre nécessaires comme, par exemple, la récente suppression des critères de proximité dans les décisions d'inscription à l'université qui facilitera la mobilité géographique des étudiants. La puissance publique seule peut procéder à ces changements légaux. La société civile ne peut que les solliciter.

Enfin, cette politique publique tournée vers la jeunesse des villages et petites villes de France serait complémentaire des mesures prises pour réduire les difficultés structurelles de ces territoires. La politique de revitalisation des centres-villes, l'élargissement de la couverture numérique ou les décisions d'implantation des services publics ont un impact évident sur la situation de la jeunesse de la France périphérique. Articuler ces actions avec une politique dédiée à la jeunesse multipliera leurs effets positifs.

Pour autant que l'on comprenne l'importance d'une politique publique consacrée à la jeunesse de la France périphérique, d'aucuns pourraient encore objecter l'existence d'une politique pour les jeunes des banlieues : pourquoi dans ce cas développer une action spécifique, dédiée à une autre partie de la jeunesse française ? Pourquoi ne pas s'appuyer sur la politique générale en faveur des jeunes ? Ou pourquoi ne pas simplement répliquer ce qui a été fait pour les banlieues ?

Tout au long de cet essai, des parallèles avec la situation des jeunes des quartiers ont été soulignés. On a vu par exemple que les mécanismes d'autocensure existent dans les deux cas – sans toujours tenir aux mêmes ressorts. L'expérience acquise dans le traitement des questions d'inégalité des chances dans les banlieues est en outre un acquis précieux. Il n'y a pas de coupure et encore moins d'opposition entre ces situations et leurs remèdes. Il n'en reste pas moins que la situation des jeunes de la France périphérique présente une double particularité, comparée à celle vécue par les jeunes des quartiers urbains défavorisés.

Premièrement, l'isolement géographique induit une série de conséquences qui doivent être prises en compte. Les difficultés de mobilité, on l'a vu, sont déterminantes dans la vie de ces jeunes. Elles jouent un rôle majeur à l'heure de l'accès à l'enseignement supérieur, dans des proportions bien supérieures à celles des jeunes des banlieues. L'éloignement des grands centres urbains rend aussi l'accès à la culture plus limité. Ces jeunes sont géographiquement et symboliquement éloignés de la mondialisation et des grands courants d'échange. Pour schématiser : vivre en banlieue et dans un petit village, ce n'est tout simplement pas la même vie. Ce ne sont donc pas toujours les mêmes problèmes qui se posent.

Deuxièmement, les jeunes périphériques sont très dispersés sur l'ensemble du territoire français. Ils vivent souvent dans des zones à faible densité de population. Cette dispersion a des conséquences pratiques significatives dans le traitement qui doit être apporté à leurs problèmes. Il est en effet beaucoup plus difficile de rassembler ces jeunes, d'être en contact direct avec eux. L'utilisation d'Internet, des réseaux sociaux et des conversations en ligne n'est pas toujours aisée. Surtout, elle ne résout pas tout et ne remplacera jamais les contacts humains.

On a vu que le programme de l'ESSEC « Une grande école : pourquoi pas moi ? » réalise un travail remarquable auprès des jeunes des banlieues. Très dynamique, il peut mobiliser, chaque week-end, les tuteurs de l'ESSEC et leurs filleuls, les jeunes qui participent à ses actions et qui résident dans les communes proches de Cergy-Pontoise, ville où se situe la grande école. Elle parvient ainsi à créer rapidement une communauté soudée et active. Une telle proximité, dans tous les sens du terme, est très difficile à mettre en place pour une association qui agit en faveur de la France périphérique.

D'une part, l'éloignement géographique sépare les parrains des filleuls. D'autre part, la dispersion de collégiens et lycéens dans des établissements éloignés les uns des autres et non reliés par des transports en commun, rend ces relations plus complexes à établir et à généraliser à long terme.

La situation des jeunes de la France périphérique, moins connue et moins visible que celle des jeunes de banlieue, appelle donc une réponse dédiée. Il est possible et sans doute souhaitable qu'une politique globale à destination de la jeunesse cherche à traiter la situation des publics les plus fragiles, en banlieue comme dans la France périphérique. Répétons-le : il n'y a pas de concurrence artificielle et polémique à organiser autour de ces jeunes. Mais pour ne pas avoir reconnu l'existence d'une situation spécifique au cours des dernières décennies, notre pays a laissé croître des difficultés qui pèsent sur sa cohésion nationale. Un sentiment de relégation et d'oubli s'est développé. De même que l'État s'est fortement mobilisé pour les jeunes des quartiers, il doit se mobiliser, ouvertement, au profit de la majorité des jeunes de la France périphérique. Une telle politique publique peut justement s'appuyer sur l'expérience acquise des politiques de la ville ou d'insertion professionnelle des jeunes des banlieues pour en conserver le meilleur et ne pas réitérer leurs erreurs.

Cette politique pourrait être mise en place avec des moyens légers. Car ce qui est attendu est avant tout une mise en réseau et un effet d'accélérateur des solutions. Cela pourrait advenir rapidement avec la création d'une Agence pour la jeunesse de la France périphérique (AJFP). Il ne serait évidemment pas souhaitable de bâtir une nouvelle administration, un ministère et ses services avec une armée de fonctionnaires chargés de l'information, de l'accompagnement et de la promotion des jeunes de la France périphérique. L'objectif est plus réaliste et ciblé. Il suppose de susciter des actions sur le terrain, de la part de la société civile, de mobiliser les moyens existants pour les concentrer sur certains territoires isolés, de faire évoluer la réglementation et d'apporter des garanties à ceux qui engagent des moyens pour cette cause. Il suppose de mettre en réseau, de faciliter les démarches des associations et de les stimuler. En d'autres termes, pour que la situation de ces jeunes change, il faut travailler avec la société civile au sens large : les associations, les entreprises et les médias.

L'action de cette agence irait cependant au-delà d'une « association des associations ». Elle aurait pour objectif la mobilisation des moyens publics et privés et leur bonne articulation, au service de la jeunesse des territoires périphériques. Pour synthétiser, les missions de cette agence pourraient être les suivantes :

• Encourager un système de parrainage à l'échelle nationale entre des actifs volontaires et des filleuls. Cette action, centrale, peut se développer en prenant appui sur des associations expérimentées dans ce type d'actions, soit en milieu urbain comme Article 1, soit en milieu rural comme Chemins d'avenirs. Elle suppose l'attribution de moyens budgétaires d'amorçage.

• Mettre en place une plateforme numérique nationale d'échanges, de retours d'expérience et d'informations pour les membres de la communauté de l'agence.

- Développer avec des associations locales des ateliers sur les études et la vie professionnelle, ou encore des ateliers de coaching et d'*empowerment*.

- Faciliter l'organisation chaque année des assises nationales de la jeunesse des territoires isolés, pour faire remonter des idées d'actions et diffuser de bonnes pratiques.

- Assurer l'animation d'un réseau de correspondants en région, institué dans les préfectures de région, et dont le rôle serait de connaître les associations, fondations, entreprises, structures de formation, missions locales et collectivités locales actives dans le champ de la jeunesse, de l'insertion et de l'orientation professionnelles.

- Intégrer plus largement une partie des volontaires du service civique dans ce mouvement en faveur des territoires périphériques.

- Favoriser la mobilité géographique en France et à l'étranger par la mobilisation d'institutions comme l'Office franco-allemand pour la jeunesse (OFAJ) mais aussi, de façon plus pratique, par la diffusion de conseils pratiques pour faciliter cette mobilité.

- Mobiliser les acteurs compétents susceptibles de permettre un accès à des ressources nouvelles pour le public des territoires visés : accès à la culture ou à des stages professionnels sur le modèle de ce qui se fait au profit des jeunes des zones urbaines sensibles.

- Coordonner la collecte des données et le suivi de la situation, grâce à la création d'un Observatoire virtuel de la jeunesse des territoires isolés. Le rôle de cette structure serait de concevoir et de piloter un programme de connaissance statistique et sociologique avec le soutien de l'INSEE, de l'Institut national d'études démographiques (INED), de la Direction de l'animation de la recherche, des études et des statistiques (DARES) ou de la DEPP, mais aussi des acteurs de terrain. On l'a vu, une meilleure connaissance des situations des jeunes de la France périphérique est fondamentale pour la conception de mesures comme les seuils des bourses ou les attributions de moyens dans l'Éducation nationale.

• Mesurer l'impact des actions entreprises au profit de la jeunesse des territoires pour être en mesure de corriger certaines d'entre elles. Cette mission pourrait être adossée à la mission première de connaissance statistique.

• Formuler des recommandations au gouvernement sur l'ensemble des volets de son action, afin que la situation de la jeunesse de la France périphérique soit mieux comprise et prise en compte.

Le Commissariat général à l'égalité des territoires (CGET) est à l'évidence un acteur clé de la cohésion territoriale. Son action issue de la politique de la ville a aujourd'hui vocation à se déployer sur l'ensemble du territoire. Son expérience acquise dans la construction des contrats de plans État-régions ou l'animation des réseaux est déterminante. Sa Direction du développement des capacités des territoires peut notamment contribuer à apporter des réponses aux difficultés structurelles des territoires ruraux (couverture numérique, accès aux services publics, dessertes, etc.).

Le projet de créer une Agence nationale de cohésion des territoires (ANCT) participe de la même philosophie. Il illustre la volonté du gouvernement de lutter contre les fractures territoriales. Cette agence aura notamment pour objectif de changer les relations entre l'État et les collectivités et de « se mettre au service des élus locaux en s'adaptant à leurs demandes et à leurs besoins », comme le résumait le secrétaire d'État Julien Denormandie[1]. Selon la lettre de mission du préfigurateur de cette agence, l'ANCT devra accompagner « en priorité dans leur démarche de réflexion stratégique et de montage de projet les territoires les plus en difficulté, tant urbains que ruraux, afin de remédier aux inégalités qui nuisent à la cohésion et au développement équilibré du territoire national ». Cette initiative va dans le bon sens. Mais il manque toujours un acteur qui concentre son action sur la jeunesse disséminée dans les territoires périphériques, y compris dans les zones rurales. Les défis de celle-ci ne peuvent se résoudre seulement au travers d'une politique d'aménagement des territoires.

L'action de l'Agence pour la jeunesse de la France périphérique devrait viser des objectifs mesurables quantitatifs, qualitatifs et concrets à court terme, tels que le nombre de jeunes entrés dans le dispositif et le nombre de jeunes sensibilisés. Des questionnaires qualitatifs sur l'évolution de la perception des jeunes parrainés et leur insertion dans l'emploi pourraient aussi être administrés.

---

1. Débat à l'Assemblée nationale du 7 décembre 2017 sur la proposition de loi portant création de l'ANCT.

Compte tenu de la nouveauté du sujet, de son caractère interministériel, de la multitude des acteurs et de la variété des territoires concernés, cette structure légère devrait être rattachée au Premier ministre. Pour en assurer la bonne inscription dans les politiques d'égalité territoriale, elle pourrait être placée sous l'égide à la fois du Comité interministériel à l'égalité des territoires et du directeur de la jeunesse, de l'éducation populaire et de la vie associative au ministère de l'Éducation nationale, également délégué interministériel à la jeunesse. L'agence pourrait être créée par redéploiement d'effectifs existants, donc sans créer de nouveaux emplois publics. Le gréement de la structure pourrait se faire initialement par deux voies complémentaires.

D'une part, des contributions en nature sous forme de mise à disposition de personnels ou de locaux. À titre d'illustration : la mise en place d'une Délégation à la langue française pour la cohésion sociale a justifié au cours de l'exercice budgétaire 2018 le transfert de six équivalents temps plein et 453 574 euros depuis les programmes « Impulsion et coordination de la politique d'aménagement du territoire », « Politique de la ville », « Soutien de la politique de l'Éducation nationale » et « Transmission des savoirs et démocratisation de la culture ». De même, le groupement d'intérêt public (GIP) « Mission mémoire de l'esclavage » a été constitué en 2017 avec des contributions en nature de trois ministères – Intérieur et Culture (mise à disposition d'un personnel chacun), Outre-mer (mise à disposition de locaux temporaires) – et des contributions financières d'autres ministères.

D'autre part, l'allocation d'une petite part du budget consacré aux associations de proximité. En 2017, 200 millions d'euros ont ainsi été attribués aux associations de proximité dans les quartiers. Sans compter les frais de structure et de mise en place des outils, 5 millions d'euros par an suffiraient à la structure en année pleine et en rythme de croisière pour accompagner onze mille jeunes et en toucher 1,2 million. Le statut de l'agence pourrait être celui d'un établissement public administratif national. Une autre option serait de chercher à lui donner un statut de GIP pour faciliter l'association de partenaires privés à son action voire, à terme, une fonction de mécénat.

Ce mode d'action de l'État en relation étroite avec la société civile permettrait de créer un ou des écosystèmes de réussite dans les territoires isolés, avec un appui national. Il permettrait aussi d'envoyer un signal de solidarité à destination de cette majorité de la population qui se reconnaît difficilement dans la politique nationale.

Améliorer notre connaissance des jeunes de la France périphérique et les rendre plus visibles, développer un discours politique qui leur soit destiné, élaborer des écosystèmes de réussite locaux et instaurer une nouvelle politique publique dédiée à cette jeunesse oubliée, constituent un ensemble de mesures cohérent. Plus que des moyens nouveaux, cette approche nécessite une prise de conscience et l'application d'une volonté politique. Les solutions sont à portée de main.

15

Kévin en 2030

Rêvons un peu. Projetons-nous et imaginons ce que pourrait être, dans moins de quinze ans, un quotidien différent pour la jeunesse périphérique française.

Nous sommes en 2030. Kévin a dix-sept ans. C'est l'un des petits frères de Charlotte, la jeune étudiante du sud de la France que nous avons rencontrée à plusieurs reprises au cours des précédents chapitres.

Charlotte a maintenant trente-deux ans. Elle est devenue infirmière. Elle a quitté Cerbère pour Banyuls-sur-Mer, à vingt minutes de chez ses parents. Après plusieurs années d'exercice, la jeune femme a pu reprendre à son compte le cabinet d'infirmiers proche de la place du marché. Elle s'est associée à une collègue de Saint-Cyprien, une commune voisine. Leur clientèle est florissante.

Charlotte a eu deux enfants, une fille et un garçon, qui vont à l'école maternelle de Banyuls et passent les vacances scolaires dans le restaurant de leurs grands-parents maternels à Cerbère. La vie est douce. Souvent, pourtant, la jeune femme regrette de ne pas s'être inscrite en première année de médecine. C'est un regret lancinant. Lorsqu'elle croise ses anciens professeurs du lycée de Perpignan, ils déplorent encore son choix d'orientation. « Infirmière, c'est un métier magnifique ! déclare son ancien professeur de mathématiques. Mais tu étais tellement douée ! Tu aurais pu choisir n'importe quoi. » Même son de cloche du côté d'une professeure de physique-chimie, depuis peu à la retraite : « On te l'avait dit. Quand j'entends tes patients parler de toi... Tu aurais été un médecin hors pair, c'est évident. La région en aurait bien besoin, en plus. » Charlotte le sait, mais ne dit rien. Elle aime sa profession et sa vie. Elle travaille énormément et reste plus libre de ses mouvements que certaines de ses camarades de promotion qui travaillent dans des EHPAD ou des centres hospitaliers et souffrent au quotidien du manque de personnel.

Charlotte voulait un métier qui ait du sens. C'est le cas. Mais quand elle tombe sur un reportage traitant des études de médecine ou du métier de chirurgien, elle zappe. Ça lui serre le cœur. Elle a l'impression d'avoir renoncé à quelque chose. De ne pas être allée au bout de son potentiel. De s'être peut-être même un peu trahie. Elle n'ose pas se confier à son mari, infirmier lui aussi. Elle a peur qu'il ne le prenne mal. Et puis ça ne sert à rien de regretter, n'est-ce pas ? La jeune femme se rappelle le choix de ses dix-huit ans. Les moyens financiers limités de ses parents, qui avaient d'autres enfants plus jeunes qu'elle. Ses difficultés à être mobile. L'enjeu qu'aurait représenté un studio à Montpellier, pour elle qui se situait juste en dessous du premier échelon des bourses sur critères sociaux. Le manque de confiance en elle qui la tétanisait face à la perspective d'un concours. Lorsqu'elle se remémore ces différentes raisons, Charlotte se dit qu'elle assume. « Honnêtement, pense-t-elle, qu'aurais-je pu faire d'autre ? »

À l'époque où Charlotte est entrée à l'Institut de formation en soins infirmiers, Kévin avait cinq ans. C'est le petit dernier de cette famille unie de quatre enfants. Des parents pleins de bon sens, d'humanité et de dynamisme. Une maison aux couleurs délavées et au style espagnol, à quelques minutes à pied de la plage. Kévin faisait partie de ces enfants que l'on emmène partout, sans façon, et qui profitent de la maturité de leurs frères et sœurs. Charlotte le maternait. Les jumeaux, Alice et Pierre, déjà adolescents, le chahutaient sans le jalouser. Kévin a grandi entraîné par les uns et les autres, souvent sur la plage avec ses camarades de classe de la petite école Jean-Jaurès. Il est allé au collège de la Côte Vermeille, à Port-Vendres, à une heure de bus de chez lui. Puis au lycée professionnel de Montpellier. C'était un enfant au départ peu scolaire, chahuteur et très joyeux.

En 2030, Kévin est en classe de terminale. Il sera majeur dans quelques mois.

Depuis plusieurs années, la France est sortie des débats universitaires sur les divisions d'un pays coupé en deux ou en quatre. La prise de conscience a eu lieu. L'opposition entre villes et campagnes est une notion enfin dépassée. Plus personne ne s'interroge sur la réalité de cette France éloignée des grandes métropoles et la diversité de ses situations est mieux comprise. Et même si les nouveaux zonages des politiques publiques doivent constamment s'adapter, de nombreuses villes petites et moyennes et de larges pans des zones rurales sont intégrés dans des dispositifs en faveur de l'éducation.

La programmation des infrastructures tient également mieux compte de ces constats. Enfin, un consensus politique s'est créé. Le débat entre les principales formations s'est déplacé sur les meilleures réponses à apporter à une question désormais admise comme une priorité.

C'est dans ce climat apaisé que l'État a décidé de déployer une politique pragmatique à l'échelle nationale pour venir en appui aux jeunes des territoires qui cumulent les difficultés. L'Agence pour la jeunesse de la France périphérique a été créée cinq ans auparavant. Avec un réseau d'associations très dense, elle déploie une batterie de mesures pour mieux connaître les difficultés de ces jeunes, pour créer un écosystème de réussite à leur profit et faire grandir un vaste réseau de parrains, marraines et leurs filleuls. Au sein de l'agence, une équipe dynamique travaille main dans la main avec les ministères concernés. L'agence s'appuie sur un budget récurrent, voté par le Parlement. Un bilan est fait tous les trois ans. L'objectif est de réduire progressivement le soutien de l'État au bout de douze ans.

À Cerbère, peu de choses ont profondément changé. La ville et la région ont conservé le visage qu'elles avaient déjà quand Charlotte était adolescente. Il y a bien eu quelques améliorations notables pour soutenir les commerces du centre-ville. La couverture numérique s'est étendue. Les zones blanches ont disparu partout où il y a des habitations. La 5G est en marche. Mais la situation de la commune la plus au sud de la France continentale demeure sensiblement la même. Un peu moins de mille habitants, répartis autour d'un petit port de pêche. L'Espagne à deux pas, si bien qu'on achète volontiers son essence et ses cigarettes de l'autre côté de la frontière. Des étés caniculaires – sans doute plus encore qu'à l'époque de Charlotte – et des hivers pluvieux, venteux. Quand un jeune veut se rendre à Perpignan, il prend le car départemental au prix de 1 euro ou bien le train, dont le coût varie entre 4 et 9 euros.

L'été la station balnéaire s'anime et les parents de Charlotte et Kévin travaillent nuit et jour. Kévin les aide. Il empoche les pourboires laissés par les touristes et son père lui glisse parfois un billet pour ses sorties. D'avril à octobre, celles-ci sont fréquentes sur la côte. Des grillades entre amis, des bals où se mêlent estivants et autochtones et des bains de minuit. Kévin a hérité du vieux scooter des jumeaux. Il ne peut aller ni très vite ni très loin, mais c'est assez pour rejoindre ses amis à Collioure ou dans les boîtes de nuit de Canet-en-Roussillon. Souvent il dort sur le canapé de Charlotte et rentre chez ses parents au matin.

À première vue, la jeunesse de Kévin est donc assez similaire à celle de sa sœur aînée. Même commune, même maison, même situation familiale, même type d'établissements scolaires, même quotidien qui allie le charme du sud de la France et les difficultés liées à l'éloignement des grands centres urbains. À commencer par l'orientation scolaire et l'emploi. Car si Charlotte a une situation professionnelle stable, la situation est plus complexe pour Alice et Pierre.

À l'heure de leur orientation, les jumeaux ont regardé avec leur grande sœur le site de Pôle emploi pour identifier les métiers où l'on recrute dans le bassin de Perpignan. C'est ce qu'on leur a conseillé de faire pour ne pas partir dans une direction complètement hasardeuse au sein de la région. Ce sont les mêmes résultats depuis plusieurs années. Le site indique, dans l'ordre du top 10 : « Personnel de cuisine, aide agricole de production fruitière ou viticole, service en restauration, éducation en activités sportives, mise en rayon libre-service, conduite de transport de marchandises sur longue distance, relation commerciale grands comptes et entreprises, services domestiques, nettoyage de locaux, personnel polyvalent en restaurant. »

Pierre a décidé d'arrêter ses études après son baccalauréat pour travailler dans la propriété viticole des parents de son meilleur ami. Leur cave est réputée dans la région, le vin y est délicieux. Sa montée en gamme a été réussie. La société est prospère. Il y a des places à prendre, pour peu qu'on ne craigne pas de se retrousser les manches. Pierre a sauté sur l'opportunité. Il aime travailler la vigne. Il est dur à la peine. Mais au bout de deux ans de travail, son dos commence à le faire souffrir. Le diagnostic émis successivement par deux médecins est sans appel : impossible de continuer à faire des travaux de force dans la durée avec cette hernie discale. Pierre n'est pas commercial pour un sou. Pas gestionnaire non plus. Difficile de garder sa place dans ces conditions. Le jeune homme envisage de retourner travailler comme serveur chez ses parents, le temps de trouver autre chose.

Alice, elle, rêvait de travailler dans les métiers du cuir. Passionnée d'équitation, elle montait depuis l'enfance dans le petit centre équestre des hauteurs de Banyuls-sur-Mer. Son souhait le plus cher était de devenir sellière. Elle avait un jour rencontré un sellier espagnol, de passage au centre, et avait été fascinée par ce qu'il lui avait raconté de son métier, de la diversité des spécialités qui s'ouvriraient alors à elle et des matières qu'elle pourrait travailler. Mais elle était déjà au lycée, n'avait pas fait de CAP maroquinerie et, surtout, ne trouvait pas de bac professionnel suffisamment proche de chez elle. Une enseignante lui avait bien parlé du lycée de la cité scolaire de Mazamet, qui offrait cette spécialité. Mais l'établissement était à près de trois heures de route. Impossible de partir si loin, si jeune. Alice n'aurait même pas su comment faire. Ses parents respectaient sa passion. De là à ce qu'elle soit interne… Et puis tout ça pour quoi ? Était-on vraiment sûr qu'il existait des débouchés dans cette voie ? Alors Alice s'est inscrite, après son bac, en licence d'études hispaniques. Certaines de ses camarades de classe suivaient cette filière, elle leur a emboîté le pas. Elle parlait déjà bien espagnol. Peut-être pourra-t-elle un jour enseigner ?

L'orientation, l'emploi, l'isolement, la mobilité : les obstacles à surmonter demeurent en 2030, quand on grandit au cœur des Pyrénées-Orientales. Ce qui a toutefois profondément changé en environ une décennie, c'est l'accompagnement des jeunes de ces territoires. La façon dont la jeunesse de la France périphérique a été sortie de dessous les radars. Charlotte, Pierre et Alice n'en ont pas bénéficié. Kévin, lui, un peu plus tard, aura cette opportunité, comme des milliers de jeunes Français.

Cela a commencé par un grand discours du président de la République. Lui seul pouvait faire de la jeunesse une priorité de son quinquennat. Dans son intervention prononcée au cœur des arènes de Bayonne, le président a su trouver les mots justes : « Assigné à résidence, prisonnier d'un lieu : ces mots sont ceux d'un autre siècle. Nous voulons une société libre. Nous voulons que nos enfants puissent choisir leur destin et exprimer leurs talents et leur mérite. Et pourtant. Combien de collégiens, de lycéens de nos villes petites et moyennes, combien de jeunes de nos campagnes se sentent encore invisibles, prisonniers d'un destin qu'ils croient ne pas pouvoir choisir. Que la République leur tende seulement la main et ils pourront la saisir ! » Cette dernière phrase a frappé les esprits. À partir de là, c'était lancé. La création de l'agence, la multiplication des initiatives et leur inscription dans un large écosystème au profit des jeunes Français, la prise de parole de personnalités des sphères publique et privée, des artistes et des artisans appelant la jeunesse périphérique de France à s'éveiller. On allait lui donner les moyens de le faire.

Quand Kévin est entré en classe de quatrième au collège de Port-Vendres, son établissement lui a proposé de se voir attribuer un parrain. Kévin avait entendu parler de ce dispositif par des élèves de troisième, enthousiastes. Des jeunes curieux et motivés étaient mis en contact privilégié avec des étudiants et des professionnels qui les épaulaient sur les chemins de leur avenir. Une fille avait fait part de son expérience passée, pendant une semaine entière, dans la clinique vétérinaire de son mentor, elle qui rêvait depuis toute petite d'exercer ce métier. Un autre élève, épris de sports d'équipe, parlait de sa marraine avec des étoiles dans les yeux : « Elle aussi a grandi dans un village et elle est dans l'équipe nationale de handball ! »

Le collège de Kévin a organisé une réunion d'information à destination des parents et des élèves. La cheffe d'établissement a expliqué le sens de la démarche : « Cela fait quatre ans que l'État a progressivement essaimé son dispositif de parrainage individuel, jusqu'à couvrir cette année près de 30 % des villages et 37 % des villes petites et moyennes. Votre enfant, s'il témoigne de sa motivation et est sélectionné, peut donc désormais être accompagné pendant dix-huit mois au moins par un parrain ou une marraine. C'est bien sûr totalement gratuit. Il n'y a pas de conditions de ressources. Pas de critères de notes non plus. L'objectif est que nos jeunes bénéficient d'un autre regard sur leurs envies, leur parcours présent et à venir. Le regard de quelqu'un d'extérieur à leur famille et à l'école. Quelqu'un qui n'habite pas près de chez eux. Un étudiant, un actif ou un jeune retraité qui s'est porté volontaire pour accompagner sur le long terme votre fils ou votre fille, lui donner confiance en lui et lui faire découvrir de nouveaux horizons. » Une mère, inquiète, a demandé : « Mais comment est-on sûr que la personne est quelqu'un de bien ?

— Les parrains et les marraines sont sélectionnés par l'Agence pour la jeunesse de la France périphérique, a répondu la principale, rassurante. Ils remplissent un formulaire, passent un entretien et doivent avoir un casier judiciaire vierge. Ils signent aussi bien sûr une charte qui les engage. Et puis, toute la relation de parrainage est suivie par l'agence au travers d'associations conventionnées. Les parrains et les filleuls envoient des comptes rendus après chacun de leurs échanges. Vous pouvez aussi, naturellement, parler au parrain de votre enfant, même s'il nous paraît important que celui-ci reste avant tout son interlocuteur privilégié, pour que leur relation soit de confiance. De même, les conseillers d'orientation de vos enfants sont aussi tenus au courant des avancées des binômes. Ils forment un tandem avec le parrain en cas de besoin, sans être interventionnistes. C'est important que cette relation nouvelle pour les jeunes soit encadrée mais reste très libre. »

Kévin écoutait, un peu distrait. Il feuilletait le fascicule distribué par le collège au début de la réunion. Il y avait des photos de jeunes aux côtés de leurs parrains et marraines. Une carte du monde indiquait les différents ancrages géographiques des tuteurs, partout en France mais aussi à l'étranger. La même page indiquait la moyenne d'âge des parrains l'année précédente, trente-trois ans, et la diversité des métiers et secteurs couverts, qui semblait sans limite.

La cheffe d'établissement expliquait à présent que les parrains et les filleuls étaient appariés selon un processus qui tenait compte des aspirations d'études et professionnelles des jeunes ainsi que de leurs centres d'intérêt : la mécanique, le sport, la littérature, la musique… Leurs échanges avaient lieu par vidéoconférence, pour permettre aux collégiens et lycéens d'utiliser régulièrement le numérique et d'en faire une force, selon une méthode développée et encadrée par l'agence. « Il y a d'abord une phase d'intégration de six mois, avec un échange par mois. Puis une période d'un an avec des missions un peu différentes, plus autonomes et responsabilisantes. Après les dix-huit mois, votre enfant et son parrain peuvent tout à fait décider de continuer ensemble, c'est le cas de plus de 60 % des binômes.

— Pourquoi pas ? a dit la mère de Kévin, en sortant de la réunion. Ça ne peut pas faire de mal. »

C'est ainsi que l'adolescent a rencontré Alain.

Le rôle d'Alain dans sa vie était au départ assez indéfinissable. D'abord, leur relation est restée un peu froide et distante, très scolaire. Kévin n'osait pas se confier à cet homme d'une trentaine d'années, critique culinaire vivant dans la proche banlieue parisienne. Lors des premiers échanges, Kévin suivait rigoureusement le « kit filleul » envoyé par l'agence. Il passait environ deux heures par mois à préparer cette séance, de façon à pouvoir répondre aux questions du kit. Ces questions dessinaient le début d'un parcours de réflexion autour de sa personnalité et de ses projets. Elles l'incitaient à s'interroger sur ce qu'il aimait, ce qu'il attendait de son futur, sur des traits de caractère qu'il pouvait chercher à développer, en partant de lui et de lui seul. Chaque session comprenait aussi une partie sur sa connaissance de l'actualité, une autre sur ses centres d'intérêt.

Kévin avait affirmé adorer la cuisine. C'était toutefois plus pour dire quelque chose à son parrain que par souci de véracité. La légende familiale colportait qu'à l'âge de sept ou huit ans, il voulait déjà faire des gâteaux le mercredi après-midi. Il aimait aussi voir son père concocter une paëlla pour le restaurant et s'asseyait souvent sur le canapé près de sa mère pour regarder *Top Chef*. C'était à peu près tout. La cuisine, c'était l'univers de ses parents. Une cuisine simple, des pâtes à l'ail, du *pan con tomate*, des moules-frites, un poisson grillé avec des légumes. Mais à force d'y réfléchir et de mener des recherches sur les professions de l'alimentation et les métiers de bouche, Kévin s'est aperçu que c'était un univers qui l'intéressait beaucoup et pour lequel il avait des prédispositions. Il ne s'était jamais encore autorisé à se projeter, à imaginer un métier qui répondrait à cette envie et à ce talent.

Lui qui n'était pas très rigoureux s'est mis à passer plus de temps dans les cuisines de ses parents, penché sur le plan de travail, regardant, questionnant, jusqu'à proposer à son père une recette de pâtes sauce potiron aux fleurs de courgette vue dans une émission et dont il avait parlé à Alain. Son père a haussé les sourcils et fini par dire : « Tu n'as qu'à la faire, toi, ta recette. »

Kévin s'est pris au jeu. Encouragé par Alain, il a fait du petit restaurant de plage de ses parents son terrain d'expérimentation. Ces derniers le laissaient faire de temps à autre, surpris et amusés, puis ravis de voir de nouvelles recettes densifier leur carte.

Le parrain de Kévin lui envoyait régulièrement des articles critiques, dont les siens, et des livres de recettes ou de parcours de chefs inspirants. Il lui proposait aussi de regarder des émissions de cuisine anglo-saxonnes. Lui-même en était friand. Kévin les regardait en anglais et devait ensuite rédiger une synthèse. Son niveau de langue progressait, tout comme ses capacités de lecture, sa rapidité et sa curiosité. Très vite, Kévin a aussi interrogé Alain sur la cuisine asiatique. Sa mère lui avait rapporté d'une brocante de Collioure un livre sur les saveurs d'Asie qui l'intriguait. Alain n'était pas vraiment spécialiste du sujet, mais s'est renseigné pour en parler avec son filleul. Sans être un génie précoce, le jeune homme se débrouillait vraiment bien. Il a pu ainsi introduire à la carte de ses parents quelques plats asiatiques très appréciés des touristes.

Un peu avant les vacances de Noël, Alain avait parlé à Kévin d'un des objectifs du parcours de mentorat qu'ils suivaient depuis presque un an : l'engagement. Kévin était à présent en troisième. « Puisque tu es devenu rapide dans la confection de certains plats, est-ce que tu ne pourrais pas réfléchir à la façon de mettre tes compétences à disposition de personnes qui en auraient besoin ?

— Tu veux dire en étant payé ? avait demandé Kévin.

— Justement, non. Bénévolement. Pour aider la communauté. D'une manière ou d'une autre. Trouve ton propre moyen d'œuvrer pour l'intérêt général, ne serait-ce que quelques heures dans le mois. Tu verras que c'est aussi gratifiant qu'un travail alimentaire. »

Perplexe, l'adolescent s'était rendu sur la plateforme d'échanges entre jeunes de la France périphérique et avait ainsi lu une foule de témoignages de collégiens et lycéens qui s'étaient lancés, au cours des années précédentes, dans des expériences associatives ou de bénévolat. Ils le faisaient parfois seuls. Par exemple, plusieurs jeunes passionnés par le journalisme avaient décidé de créer le journal en ligne de leur lycée. D'autres rejoignaient une association de leur établissement, de leur ville ou de leur village. D'autres encore avaient profité du partenariat noué avec l'Agence du service civique pour accomplir huit mois de volontariat après leur année de terminale.

Kévin a longuement réfléchi. La réponse lui est venue un dimanche midi, lorsque sa sœur Charlotte a raconté à quel point elle appréhendait les fêtes de Noël et la solitude de certains patients : « Les personnes âgées, surtout celles qui ont perdu un proche ou dont les enfants habitent trop loin et qui passent Noël seules... c'est terrible de les laisser avec une assiette de pâtes ou quelques biscottes et des tomates cerises. » Kévin s'est redressé. Il tenait son idée. Une initiative modeste sans doute, mais utile. Il allait se souvenir longtemps du plaisir qu'il aurait à la concrétiser. Tout à coup, bien qu'âgé de quinze ans à peine, Kévin avait la conviction de pouvoir intervenir dans la vie de dizaines de personnes. Il a alors parlé de son projet à Alain, qui lui a conseillé d'aller voir le maire de son village pour obtenir ne serait-ce qu'une centaine d'euros qui l'aideraient à le réaliser. La mairie a inscrit son initiative dans le cadre du soutien aux personnes âgées et fragiles et a pu ainsi lui accorder une aide de 300 euros. Cette année-là, pour Noël et le jour de l'An, Kévin a cuisiné pour des personnes âgées de Cerbère et des communes environnantes, des patients du cabinet d'infirmiers de sa sœur, identifiés avec elle. Il a mitonné des plats simples et réconfortants et les a livrés personnellement à plus de trente foyers avec son scooter. Il l'ignorait, bien sûr, mais cette démarche, qu'il réitérerait, ferait à plusieurs reprises la différence lors de ses futurs entretiens d'embauche.

Le parrain de Kévin était très exigeant quant à la question des formations : « Tu ne dois pas t'orienter dans une voie qui ne te plaît pas vraiment, ou bien par défaut. Laisse-toi le temps de réfléchir. Documente-toi pour ne passer à côté d'aucune porte. Retourne au CIO et demande l'avis de ton prof qui t'a bien conseillé l'an dernier. Et, à la fin, écoute ton instinct ! » Pour alimenter les réflexions de l'adolescent, il lui a proposé d'échanger avec des étudiants et des professionnels de son propre réseau. Il suggérait parfois un nom, envoyait à Kévin le numéro de téléphone ou l'adresse mail de la personne. C'était à son filleul seul d'entreprendre la démarche. L'adolescent, timide mais décidé, prenait du temps pour écrire ses mails. Il programmait des rendez-vous téléphoniques et échangeait régulièrement avec des personnes expérimentées. Il a ainsi parlé avec une étudiante au Cordon bleu Paris, le premier réseau mondial d'instituts d'arts culinaires et de management hôtelier. Avec une cuisinière autodidacte qui tenait la table d'une chambre d'hôtes du Bordelais. Avec un chef étoilé. Avec un apprenti dans un petit restaurant parisien.

Dans le cadre de son stage de troisième, Kévin a été reçu une semaine dans les cuisines d'un restaurant toulousain deux étoiles. Un des objectifs de l'Agence pour la jeunesse de la France périphérique était en effet de permettre aux collégiens d'effectuer leur stage sans contrainte de mobilité. Kévin a découvert la cuisine française, la cadence et la pression. Il en est tombé amoureux. La même année, il a été accompagné par son établissement dans deux salons sur l'orientation. Un forum des métiers a également été organisé dans son collège sur un format développé par l'agence : les speed datings d'avenir. Les jeunes avaient l'opportunité d'échanger toute une journée, par petits groupes de quatre ou cinq, avec des étudiants et des professionnels aux profils variés, afin d'élargir leurs connaissances en matière d'études et de débouchés professionnels. Ces activités étaient étayées par des programmes d'*empowerment* avec notamment des ateliers sur la prise de parole en public, la rédaction de CV et des simulations d'entretiens. Durant l'été, Kévin a aussi effectué un second stage, dans un hôtel de la côte, toujours grâce à l'association qui gérait le programme pour l'agence en région Occitanie. Il a pu ainsi confronter ses deux expériences, celle d'un restaurant et celle d'un hôtel, afin d'affiner ses projets. Il travaillait gratuitement, mais il était logé, nourri et blanchi.

Kévin n'aimait pas beaucoup l'école. La perspective de faire simplement un CAP cuisine et d'être débarrassé plus vite des cours l'a même tenté plusieurs mois. Mais après différents échanges avec des professionnels, il a compris qu'un bac restauration lui permettrait d'accéder rapidement au poste de premier commis, de second de cuisine voire de chef de partie. Il a donc décidé de s'inscrire en bac pro restauration option organisation et production culinaire, sans se fermer la possibilité d'enchaîner sur un BTS ou de se former ensuite dans une école spécialisée. Il a choisi de faire ses études à Montpellier. Alain l'a accompagné tout au long de ses recherches d'un établissement adapté à ses envies et à ses capacités. L'Agence pour la jeunesse de la France périphérique est surtout intervenue sur la partie logistique et financière, lui communiquant la liste des établissements avec internat ou des chambres à moindre coût et participant à ses frais de transport.

L'été de ses seize ans, en août, le parrain de Kévin lui a proposé d'être serveur dans un restaurant des Alpes dont il connaissait le propriétaire et qui cherchait des jeunes pour l'assister en salle. « Ce sera bien pour toi de voir aussi comment ça se passe de ce côté d'un restaurant », lui a-t-il dit. Ravi, le jeune homme a découvert une nouvelle région et gagné l'équivalent d'un SMIC, entre sa rémunération et les pourboires laissés par les clients. Il a ainsi pu mettre un peu d'argent de côté pour l'année suivante.

Charlotte regarde le parcours de son frère avec un mélange de curiosité, de fierté et d'envie. La plupart des obstacles qu'elle a elle-même rencontrés ont été levés pour Kévin. Surtout, il n'est pas seul. Son parrain a permis qu'émerge une vocation. Il l'a encouragé à développer ses capacités. Il lui a donné confiance en lui-même. Il lui a permis de s'engager. L'agence a mis à sa disposition des ressources sur les formations, rassemblant en un même lieu facile d'accès toutes les informations et favorisant les échanges entre jeunes issus des territoires. Dès que Kévin a une question, quelqu'un lui répond, de manière claire. L'agence et ses associations partenaires ont aussi facilité pour lui l'accès à des stages de qualité et l'ouverture sur d'autres univers que le petit restaurant de plage de ses parents. Kévin a mûri ses projets et élargi ses centres d'intérêt, en s'ouvrant notamment à la cuisine étrangère. Le fait que des jeunes de son collège aient fait avant lui l'expérience du parrainage et aient commencé à bouger plus facilement, à s'élancer sans frein vers d'autres voies, a eu un effet boule de neige. Kévin s'est senti stimulé et rassuré par tout un écosystème. Lui qui n'était pas scolaire pour un sou a trouvé une forme de plaisir à étudier et, surtout, à construire progressivement un projet à sa mesure.

Charlotte cherche sur Internet des articles au sujet de l'Agence pour la jeunesse de la France périphérique.

Elle découvre combien le projet, pourtant jeune de quelques années seulement, est en train d'entrer dans les mœurs. L'initiative a suivi le chemin du service civique qui, d'une association créée par quatre jeunes étudiantes, Unis-Cité, est devenu une politique publique. Une politique publique qui répond, elle aussi, à un besoin de la jeunesse et de la société française dans leur ensemble. Un dispositif qui ne prétend pas renverser la table, mais qui peut changer les choses et lutter concrètement pour une meilleure égalité des chances. Bien sûr, le monde reste difficile. Les défis des jeunes de la France périphérique perdurent. Mais c'est un monde, se dit Charlotte, un peu moins dur et inégalitaire. La jeune femme regarde son frère et se dit qu'on lui a donné une chance et que c'est tant mieux.

Titulaire de son bac pro, Kévin rêve à présent de partir à l'étranger. Au lycée, il a déjà été envoyé trois semaines au Danemark. Il souhaite réitérer l'expérience. Alain, qui continue à le suivre bien que le format de leurs échanges soit plus officieux et moins encadré, plus adulte aussi, pense Kévin, lui a toujours dit qu'en France, où viennent de nombreux touristes étrangers, une expérience internationale est une nécessité absolue. Pour parfaire sa maîtrise d'une autre langue et pour développer son ouverture à d'autres cultures culinaires. L'agence encourage ce genre de mouvements. Elle met de nouveau à disposition de Kévin un grand nombre d'informations concrètes : où aller, comment, à quel coût, autour de quels partenariats... Le jeune homme hésite un moment entre huit mois de service civique et un an de Service volontaire européen. Finalement, il décroche un petit job de trois mois à Londres.

Septembre 2031. Kévin va avoir dix-neuf ans. Il est riche de toutes ses expériences et de la réflexion menée avec l'aide de son parrain. Le jeune homme hésite encore entre repartir à Londres où on lui a proposé un contrat ou poursuivre sa formation. Il tâtonne. Être informé et accompagné ne veut pas dire être un jeune différent des autres. Cela veut simplement dire avoir les outils pour s'interroger en confiance, dans de bonnes conditions. Avant toute chose, Kévin passe quelques jours à Cerbère, chez ses parents. Il a été contacté par l'association qui l'accompagne depuis plusieurs années pour venir témoigner, dans son ancien collège, devant les élèves qui commencent le parrainage à la rentrée. Il ne veut pas manquer ce rendez-vous.

Tout cela est un rêve. Le tableau est un peu embelli. Le parcours de Kévin va connaître de nombreuses embardées. Mais ce rêve n'est peut-être pas si loin d'une réalité possible.

Mettre en place, à l'échelle du territoire national, avec l'apport de la société civile et le travail d'une agence dédiée, un dispositif et une méthode pour informer, accompagner, responsabiliser et promouvoir les jeunes de la France périphérique, peut faire une grande différence. Sans réduire d'un coup de baguette magique les fractures territoriales françaises, le destin de millions de jeunes peut en être changé.

Conclusion

Retour en 2018. Laëtitia vit dans une petite ville de l'académie de Nancy-Metz. Sa mère est employée de mairie et son père contremaître dans une usine de tôlerie. Sa grande sœur est en deuxième année de diplôme universitaire technologique (DUT) techniques de commercialisation et son petit frère en seconde bac pro maintenance technique. À quatorze ans, comme la majorité des collégiens de Neufchâteau et de France, Laëtitia ne sait pas encore ce qu'elle va faire plus tard. Ses projets d'études post-brevet et ses envies professionnelles demeurent très flous. Rien d'anormal à cela. L'avenir est un sujet qui nécessite beaucoup de temps pour être apprivoisé. Mais quand Laëtitia se penche sur cette question, elle ne sait pas où regarder. À côté d'elle, les exemples et les possibilités sont limités. Sa meilleure amie veut être assistante maternelle. Sa cousine travaille dans la même usine que son père. Laëtitia aime beaucoup les animaux. Elle monte souvent à cheval le week-end dans un centre équestre voisin. Travailler dans une animalerie ? Devenir maître-chien dans l'armée comme un garçon du collège un peu plus âgé qu'elle ? Pourquoi pas vétérinaire ? Pourquoi pas tout autre chose ? Laëtitia est une élève qui a un bon niveau scolaire. Peut-être pas au point d'être repérée comme jeune talent prometteur par une directrice des ressources humaines. À vrai dire, à cet âge, on ne sait pas. Mais ce que l'on sait, c'est que les chances pour Laëtitia de choisir la vie qui lui convient le mieux sont très inégales comparées à celles d'une collégienne d'une grande métropole, pourtant issue d'un milieu social équivalent et dotée des capacités intellectuelles ou scolaires équivalentes.

Le cas de Laëtitia est loin d'être unique. Sa situation est celle de millions de jeunes collégiens, lycéens ou étudiants confrontés à des difficultés cumulées qui rendent leur avenir plus incertain, plus complexe que celui de leurs camarades des grandes villes. L'éloignement géographique, l'absence d'équipements culturels ou universitaires proches, l'étroitesse du bassin d'emploi régional, le manque de dynamisme général du territoire ou encore le sentiment d'illégitimité de ces jeunes limitent leur mobilité géographique et sociale. Ils réduisent leurs possibilités de construire un avenir à la hauteur de leur potentiel.

Cette situation n'est ni spectaculaire ni particulièrement visible. Ces difficultés ne provoquent pas l'indignation. À de rares exceptions près, elles n'inquiètent pas. Elles ne sont pas traitées comme un enjeu urgent. La persistance d'une forte inégalité des chances entre les jeunes de la France périphérique et ceux des grandes métropoles est pourtant un poison qui corrode lentement la cohésion nationale. Ces inégalités territoriales accentuent les inégalités sociales. Elles minent le dynamisme de l'économie française et fragilisent la capacité du

CONCLUSION

pays à progresser. Elles viennent, enfin, souvent nourrir la méfiance vis-à-vis de la politique et de l'État au profit du choix de l'abstention ou font le lit des discours simplistes et rageurs des démagogues.

Il n'y a pourtant aucune fatalité. Certes, l'enclavement, l'éloignement ou le manque de dynamisme économique déterminent les possibilités offertes aux jeunes qui vivent sur ces territoires défavorisés. Mais l'égalité des chances dépend d'autres facteurs, sur lesquels une action est possible. Encourager la mobilité des jeunes, en France et à l'étranger, diffuser l'information, apporter un accompagnement personnalisé aux collégiens et lycéens ou encore établir des écosystèmes de réussite locaux peuvent corriger de façon rapide certains des déséquilibres. Agir pour les collégiens et lycéens des villes petites et moyennes, pour les jeunes des zones rurales, c'est en effet entreprendre un travail au service de l'égalité des chances. C'est, d'une certaine manière, être fidèle à la devise de la République : « Liberté, égalité, fraternité ».

Encourager la mobilité géographique et sociale, donner aux jeunes des clés pour s'orienter, c'est défendre la *liberté* des individus. C'est permettre à chacun d'avoir la liberté de construire son destin.

Travailler à lever les barrières qui freinent le parcours de ces jeunes, communiquer sur l'existant, leur donner à voir la diversité des parcours qui s'ouvrent à eux, c'est œuvrer en faveur de l'*égalité* des chances.

Enfin, accompagner, avec bienveillance et dans la durée, construire des ponts entre les générations et rapprocher des personnes qui sont éloignées, c'est établir

211

une *fraternité* sincère. Encourager l'engagement associatif de ces jeunes participe aussi de ce mouvement.

Main dans la main avec la société civile, l'État a un rôle particulier à jouer. Pour répondre au besoin de reconnaissance de cette jeunesse qui se sent invisible et déployer des moyens à la hauteur des difficultés, une véritable politique publique doit être menée.

« Liberté, égalité, fraternité » : cette devise inscrite aux frontons des écoles de la République sur l'ensemble du territoire doit et peut valoir autant aux yeux de la jeunesse de la France périphérique qu'à ceux des jeunes des grandes métropoles. Ce qui est en jeu, ce n'est rien de moins que l'avenir de près de deux jeunes Français sur trois.

Remerciements

Nos remerciements vont en premier lieu à Roman qui a choisi de nous faire confiance, à Vincent pour son regard indispensable et bienveillant et à Sandrine pour son implication à nos côtés.

Merci à tous ceux qui ont accepté de nous parler d'eux et dont les témoignages ont été essentiels pour écrire ce livre.

Merci enfin, et bien sûr, à l'équipe de Chemins d'avenirs, permanents et bénévoles, parrains et marraines issus de toute la France et engagés en faveur de l'égalité des chances entre les jeunes Français.

Table

Introduction. Deux jeunes sur trois 9

1. Là où j'ai grandi 15
2. Assignés à résidence 28
3. « Ici, il n'y a rien » 40
4. Attention, très fragiles 50
5. Les ravages de l'autocensure 61
6. Bulles éducatives 73
7. Le nerf de la guerre 85
8. S'il suffisait de surfer 96
9. La République en danger 106
10. Changer d'optique 128
11. L'union fait la force :
    un écosystème de réussite 140
12. Le carré magique 148
13. Bouge de là ! 163
14. Une politique pour les invisibles 175
15. Kévin en 2030 189

Conclusion 209
Remerciements 215

*Cet ouvrage a été composé et mis en pages
par ÉTIANNE COMPOSITION
à Montrouge.*

L'Éditeur de cet ouvrage s'engage
pour la préservation de l'environnement
et utilise du papier issu de forêts gérées de manière responsable.

Cet ouvrage a été achevé d'imprimer en décembre 2018
dans les ateliers de Normandie Roto Impression s.a.s.
61250 Lonrai
N° d'édition : 58010/01 – N° d'impression : 1805213

Imprimé en France